薄弱学校品质提升的探索与研究

张 曙 ◆ 著

安徽师范大学出版社

·芜湖·

图书在版编目(CIP)数据

薄弱学校品质提升的探索与研究 / 张曙著 . — 芜湖：安徽师范大学出版社，2019.1
ISBN 978-7-5676-3729-0

Ⅰ.①薄… Ⅱ.①张… Ⅲ.①基础教育 — 教育改革 — 研究 — 中国 Ⅳ.①G639.2

中国版本图书馆CIP数据核字(2018)第188484号

薄弱学校品质提升的探索与研究
BORUO XUEXIAO PINZHI TISHENG DE TANSUO YU YANJIU

张　曙◎著

责任编辑：潘　安
装帧设计：丁奕奕
出版发行：安徽师范大学出版社
　　　　　芜湖市九华南路189号安徽师范大学花津校区
网　　址：http://www.ahnupress.com/
发 行 部：0553-3883578　5910327　5910310(传真)
印　　刷：虎彩印艺股份有限公司
版　　次：2019年1月第1版
印　　次：2019年1月第1次印刷
规　　格：700 mm×1000 mm　1/16
印　　张：13.625
字　　数：200千字
书　　号：ISBN 978-7-5676-3729-0
定　　价：58.00元

序

教育，归根结底，是人的教育。

陶行知先生说过，教师"千教万教，教人求真"，学生"千学万学，学做真人"。他的生活教育理论和行知实践精神最集中的体现便是晓庄师范的创立和发展。晓庄师范成为独具特色的教育范本，倾注陶先生全部之心血，亦成就万世之美谈，建立不世之丰功。此种精神，令我辈高山仰止，景行行止。正是这种精神的感召才有了我们今天这本《薄弱学校品质提升的探索与研究》。诚然，我辈庸常无为之人，无法效前辈创不朽之伟业，唯有奋发蹈厉、倾尽一生，才无愧于"人民教师"这一称号。

此书犹如一部纪实文学，又似一部纪录片，主要讲述了张曙先生带领他的团队如何通过不懈的努力，攻坚克难，革故鼎新，促进江淮学校高效快速发展的创业史，通过各种翔实的资料彰显了他们如何扬正气、铸师魂，为蜀山教育作贡献的职业品行。

一个好校长就是一所好学校。

　　五年前，我在一次教研会上有幸和张曙先生相识，那时，他是合肥五十中南校副校长，省教坛新星，也是颇有名气和才气的语文教师，每每交谈，张先生身上总是散发着一种浓浓的书香之气。张先生与我颇相投缘，算来可谓半个知己。虽然平时交往并不频繁，彼此工作又不在一处，但胜在志趣相投，莫逆于心。2016年，我的工作室挂牌在江淮学校，而他正好又是这所学校的校长，我们的交往自然多了一些。我践行"养育语文"的教学主张，张先生颇为认同，我们都认为培养学生终身的学习情趣和习惯，养育健全的人格，是语文教育的正途。

　　校长的作风和气质，往往决定着一所学校的发展方向，甚至是前途命运。

　　2015年他临危受命，来到当时内忧外患的江淮学校担任校长一职。从此，他励精图治，殚精竭虑，几易春秋，丹心不改。

　　江淮学校创办于1961年，原名江淮航空仪表厂职工子弟学校。该校历史上曾有过辉煌的发展时期。由于优渥的待遇和较好的教学环境，一度成为优秀教师的云集之地。然而，上世纪九十年代，伴随着仪表厂的衰落，该校的生源开始滑坡，大批优秀教师离职，学校举步维艰。2006年，江淮航空仪表厂职工子弟学校划转蜀山区教育局，正式更名为合肥市江淮学校，开始进入社会化办学的历程。但由于每况愈下的生源问题，加之处于名校的夹缝之中，江淮学校陷入了"招生难—乱招生—质量差—学生少—难招生"的恶性循环泥沼中，其认可度大幅减低，呈风雨飘摇之势。

　　在这种情况下来到江淮学校的张曙校长却毫不退缩，一上任，他立即着手各项工作。从带领团队砍掉满园蒿草、清理西楼二三层走廊上堆积的废旧杂物开始，对外走社区访物业，陪接访稳民心，对内统一教职工思想，拟订发展规划，规范教学行为，调整工作策略。张曙兄依据校情提出了三年规划（一个转变、二个提高、三个强化）的主张，这一目标的制订为学校发展指明了方向；他倡导的"三正"思想（扬正气、说正话、做正事）让师生有了正确的行为导向；"三化一心"（硬件优化、管理细化、特色亮化，以教育教学为中心）的工作思路让教师们的工作有了抓手。

在他的带领下，江淮学校成立了一个创新团队，不仅成功地申报了省级课题"利用信息技术培养学生核心素养的研究"，还成功申报了合肥市第三批新优质学校。为此，他们勤勉而执着地度过了无数个不眠之夜，放弃了无数个周末休息时间，甚至连跨年夜也是在办公室里一起度过的。尽管创新的道路很艰辛，尽管创新组成员的家人也有抱怨，但收获的喜悦给老师们带来的是沉甸甸的希望。

念念不忘，必有回响。苦心耕耘，喜获丰粮。2016年中考，江淮学校学生文化课均分较上年进步了61.65分，一、六、八中学录取人数超出上年1倍。2017年，江淮学校中考成绩又创新高，最高分达到766分。连续两年体育中考均分获得蜀山区第一名。这对于一个薄弱学校来说，实属不易。

为进一步搭建校际交流和教师成长的专业平台，张曙校长还邀请合肥市五十中的德育主任来校做德育工作经验交流，邀请合肥市五十中几位校长来校做高规格的经验介绍，邀请北京市体育场路中学8位专家来校开展"北京—蜀山"两地"同课异构"教研活动。2017年，江淮学校外聘了14位骨干教师作为各学科年轻教师的师傅。随着校际交流不断走向纵深，教师的视野进一步拓宽，办学的品质也得到了提升。

注重教师的发展，注重学生的发展，注重内涵式发展，张先生真正把"人"的发展放在了首位，这才是教育的方向，才是真心办教育的校长。

正如习近平总书记所说："一个人遇到好老师是人生的幸运，一个学校拥有好老师是学校的光荣，一个民族源源不断涌现出一批又一批好老师则是民族的希望。"张曙校长和他团队的工作经历，着实体现了当代教育者"有理想信念、有道德情操、有扎实学识、有仁爱之心"的优秀风范。我们有理由相信，我们有理由期待！

金星闪

二〇一八年五月

（作者简介：金星闪，男，安徽庐江人。深圳市宝安区海旺学校初中语文教师。安徽省首批正高级教师，省学术和技术带头人，享受省政府特殊津贴，省级领军人才，江淮名师，合肥市金星闪名师工作室主持人。践行"养育语文"的教学主张，长期从事中学语文教学研究。主持国家和省级课题五项均结题并获奖。在北大认定的核心期刊发表学术论文20多篇，教研文章500多篇，著有《作文教学的起点》《养育语文的实践探索》《从阅读走向作文》。主编图书32部，参编144部。国内多所大学"国培计划"中小学语文国培班学员指导专家。）

目　录

第一章　学校背景

合肥市江淮学校，原名江淮航空仪表厂职工子弟学校，应需求而创办，一度辉煌，在改制中面临困境，直走下坡，沦为薄弱学校。如何扭转局势，再创佳绩，这是摆在学校领导面前的难题。

第一节　发展概况

江淮航空仪表厂职工子弟校创建后发展兴盛，90 年代改制而滑坡，2006 年起划归区教育局管理，正式更名为合肥市江淮学校。近年来，学校领导抓住机遇，锐意改革，励志图精，成绩不断。

一、办学辉煌时期

合肥市江淮学校坐落于"五里飞虹"西畔，原名江淮航空仪表厂职工子弟学校，创办于 1961 年，是一所服务于职工子弟的学校。该校曾有过辉煌的发展历史。当时的江淮航空仪表厂隶属国家航天工业部，在本地算得上数一数二的知名企业，落户合肥，是合肥的骄傲。由于该厂优厚的待遇和较好的教学环境，一度成为优秀教师云集之地。教师如果没有过硬的教学水平和爱岗敬业的奉献精神，很难被学校录用，很难成为该校的正式职工。由于教学质量突出，该校生源爆满，不仅职工子女悉数进入学校就读，就连非职工子弟也想方设法往里挤。

二、工厂改制阶段

20 世纪 90 年代，江淮航空仪表厂进行了改制，工厂效益一落千丈，往日繁忙而热闹的厂房渐渐变得萧条起来。仪表厂衰落了，效益锐减了，很多仪表厂员工带着子女纷纷外流，导致了该校生源开始滑坡，也引发大量优秀教师离职寻求新的发展。江淮航空仪表厂职工子弟学校由炙手可热的名校走向下坡路。

三、厂办学校社会化

2006年，江淮航空仪表厂职工子弟学校划归蜀山区教体局管理，正式更名为合肥市江淮学校。2010年，江淮学校在江淮航空仪表厂职工子弟学校原址进行重建，2012年9月，新校舍启用，成为一所区属九年一贯制学校。新建成的学校占地面积14 000平方米，建筑面积8 000平方米，绿化面积6 000平方米，2幢教学楼，200米环形跑道及塑胶操场。学校配备36个标准教室，15个功能教室，20个办公室。

新校舍，新气象，新面貌。管理者有想法，师生们有激情，大家拼搏奋进，以"生本课堂"为办学特色，以"杜郎口教学"为榜样，先后获得"合肥市有效推进地区教师专业化发展课题研究先进集体""全国首批青少年校园足球活动布局学校""区德育工作先进单位"等荣誉称号。但学区小，生源少，名校包围的状况，严重制约了学校的发展。

四、家长观望和质疑

就师资队伍和生源质量方面，江淮学校以及上级主管部门不断接到学区内学生家长的上访。上访反映的主要问题：江淮学校规划9个年级、36个班，实际入学学生（包含农民工子女）不足16个班，每个班级约30名学生。由于教师外流、生源锐减，有些年级只能开设1~2个班，这与蜀山区其他学校一个年级开设十几个班形成鲜明对比。

随着江淮航空仪表厂的滑坡，生源已经变得极其有限。加之周边名校效应，又吸走了大部分优质生源，江淮学校真正陷入了"招生难—乱招生—质量差—学生少—难招生"的恶性循环。

附：

合肥市江淮学校发展简史

　　江淮航空仪表厂职工子弟学校成立于1961年7月19日。前身是合肥航校，后经合肥市教育局批准，正式更名为江淮航空仪表厂职工子弟学校。起初，学校规模很小，学生150人，教师、领导合起来就7人，只设1名校长（室主任级别），负责全面管理。参见图1-1和图1-2。

图1-1　学校旧影（一）

　　1965年前，只有3个行政（教研）组，1名校长。为加强教学工作，于1965年5月增配政治指导员和副校长，共同管理教务、政工、后勤。1975年1月10日，经厂党委研究报请市教育局批准增设高中班。学校的组织机构也相应调整。若干年后，学校的很多毕业生，先后考取大中专院校，有的后来成了博士、专家。1984年，为了贯彻执行《合肥市中学教学工作岗位责任制》，工厂先后派出5位资历较深、在工厂说话有分量的老干部担任学校主要领导，并成立校长办公室和教导处、政教处、总务处。工厂于1985年7月又呈报合肥市教育局、合肥市劳动局，请求增办"江淮航空仪表厂职业高级中学"。得到批准后，于当年8月开始向合肥市招生，专业为机械加工和机械制图。1994年又招收了一批二年制"制冷专业"（属于高中专）学生。职高毕业生95%对口分配到厂里工作。1985年至1994年，学校的职高招生非常火爆，入学分数超过当年合肥市中专录取分数线30分。学校选送的职高生在合肥市劳动局举办制图及技工技能竞赛中屡屡获奖。每年，南昌航空学院、合肥联合大学还直接从学校职高毕业生中直接录取新生。1995年至1997年，工厂经济效益滑波，停止招工，学校职高停止招生。

图1-2　学校旧影（二）

江淮航空仪表厂职工子弟学校办学规模由小到大，从小学到普高、职高，学生由1961年150人3个班，发展到后来的19个班，学生总数达千人，教职工由最初的7人发展到后期的72人。校园由原来的非正式教室173平方米，发展到后来的13 700平方米，建筑面积2 345平方米。

建校以来，学校得到了合肥市教育局、合肥市劳动局以及蜀山区教体局的重视与支持。学校职工先后有多人被评为市级、区级优秀教师或先进工作者。学生积极参加市、区教育局的各项活动，也获得了较多的荣誉。

除"文革"几年，学校每年都要开展一次春季或秋季运动会，并组织体育代表队参加合肥市教育系统举办的体育运动会。足球是学校的传统体育项目。1981年以来，学校小学生足球队多次获得合肥市或蜀山区比赛冠军。

学校于2006年1月1日起与工厂脱离，顺利移交蜀山区教体局，更名为合肥市江淮学校。参见图1-3。这次整体移交给蜀山区教体局的在编教师有37人，退休教职工有55人。为了扩大办学规模，提高办学硬件设施，2010年学校原址重建，2012年投入使用。2012—2015年，由于诸多原因，学校管理及教学质量一度滑坡，造成学生家长多次大面积上访。学校陷入低谷，生源锐减，教师慌乱，一度成为蜀山区教育的重灾区。

图1-3 合肥市江淮学校更名

第二节　陷入困境

2015年，学校发展一度陷入低谷：家长不认可，大闹学区；教师不认可，纷纷外调；学生成绩差，入校学生数大幅度减少。学校面临前所未有的重重困难。

一、家长大闹学区

由于学区内家长对江淮学校教学质量、生源质量及学区设置等诸多方面不满，自2015年4月起他们向区、市、省层层反映并群体上访。事情越闹越大，最后发生了2015年8月900多人穿文化衫，拉横幅，阻拦长江路交通的恶性上访事件。

附：

2015年学区内家长的一封信（摘编）

在合肥市优质教育的典范——蜀山区存在着这样一所学校，它位处合作化路、贵池路北核心地段，规划36个班、9个年级。实际入学学生（包含农民工子女入学）不足16个班（1~6年级各2个班，7~9年级各1个班），每个班不足30名学生。

在教育资源极其紧张的合肥市城心地段形成了一个"有校园、无生源"的"怪学校"——它就是合肥市江淮学校！

二、教师人心涣散

学区内家长对江淮学校不认可，纷纷把孩子送往名校，前来入学的学生逐年减少，而且素质不高，家长不懂教育也不配合教师，极少有学生能考入省示范高中。教师没有成就感，久而久之对自己产生怀疑，总感觉低人一等。学校声誉也不好，周而复始，年复一年，就出现了一片萧条没落的景象了，教师人心不稳，愈发涣散，纷纷要求外调。

三、生源少而且差

学区小，学区内学生本来就少，加之周边名校效应，学区内学生也有很多不到江淮学校来入学，前来入学的学生只有教体局分配来的随迁子女，数量很少，一个年级只有一到两个班级，每个班级30人不到，不能形成良好的竞争氛围。

学校是农民工子女定点学校之一。外来务工人员子女占学校生源的90%以上，多数家长忙于生计，对孩子的教育和监管力度相对薄弱，学生没有形成良好的行为习惯，教育难度较大。尽管地理位置优越，但由于学区所限，立足点不高，周边名校崛起等因素，出现了发展中的困境：生源质量偏低，升学率增长有限，家长信任度不高，发展乏力，属于区域内的薄弱学校。

第三节　寻求转变

学校如何走出困境？区领导经过仔细考察，认真调研，反复讨论，充分酝酿，最终决定，调集精兵强将，组建新的学校领导班子，在发展中解决问题。

一、上级决策

2015年6月，在"整合优质教育资源，推进教育均衡发展"的思想指导下，蜀山区领导高度重视江淮学校发展问题。依托合肥市第五十中学等名校效应，对合肥市江淮学校实施了全方位的整改，委派张曙同志担任合肥市江淮学校党支部书记、校长，组建骨干管理队伍，全盘接手。区教体局王雪梅局长、彭其艾科长，长达20天坐镇江淮学校，做全方位的指导和部署。

张曙同志系合肥市第五十中学西校副校长，曾在第五十中学东校、西校、南校三个校区工作过，在当地有一定的知名度和影响力。齐丰收同志系合肥市第五十中学东校德育主任，有丰富的德育工作经验。陈玉同志系合肥市第五十中学东校历史教师。单敏同志系合肥市第五十中学南校政治教师。学校领导班子汲取新力量新思想，整体面貌焕然一新。

二、奉命于危难之际

面对困境，合肥市江淮学校新任党支部书记、校长张曙同志决定变革求新，以申报合肥市第三批新优质学校为契机，以三年规划为目标（一个转变、二个提高、三个强化），以"三化一心"为抓手（硬件优化、管理细化、特色亮化，以教育教学为中心），以"三正"为师生行为导向（扬正气、说正话、做正事)，从校内抓起，从眼前小事做起，规范招生流程，落实校本培训，合理调整布局。

第二章　奋斗历程

第一次参与接待群访时，我提出了"一二三"三年规划：一个转变：转变学校在社区、学区居民中的印象；二个提高：提高教育教学质量、提高生源质量，增加学生数量；三个强化：强化制度管理，强化教学管理，强化特色管理。

第一次开行政会时，我说出了自己"三正"的想法："三正"：扬正气，说正话，做正事。

第一次开全体教师会时，我提出把"三化一心"作为工作的抓手。"三化一心"：硬件优化、管理细化、特色亮化，以教育教学为中心。

第一节　硬件优化

来到江淮学校门口，展现在眼前的是原址重建后的新风貌。门楼上高高挂起的电子屏，平整的塑胶跑道，挺拔的银杏树，典雅的"共营"长廊，以及陶行知雕塑，让人有一种安静平和、心生向往的感觉。

走进德馨楼，宽敞明亮的教室，高配置的理、化、生实验室，计算机室，科学实验室，100多平方米的图书馆，以及可以同时容纳120多人的阅览室，格外抢眼。教室和实验室均装备了先进的交互式电子白板，实现了网络班班通。

操场上，塑胶跑道、篮球场、排球场、乒乓球台一应齐全，体育设施应有尽有，还有为老师专门指导学生配备的各类器材。在操场和教学楼之间，三十年以上树龄的银杏树列队生长，树下的石凳，既供休憩，又是景观。

近年来，学校从大处着眼，小处着手，一直在对原有基础设施进行改进和优化。大到三栋楼布局调整，中小学分楼而治，小到添置电子白板，安装校门口电子显示屏，器材归置，物件分类，教室窗帘更新，门锁钥匙配备，校门口石墩位置调整，以及常用通道滴水斜坡设计，实乃事无巨细。学校还修补了开裂的围墙，软化了篮球场的地面，开辟了教师午休室，开辟了舞蹈房、瑜伽室，规划教职工运动场地等。用心优化硬件，只为创造优质的校园环境，为增效提质保驾护航。

据不完全统计，近年来学校在硬、软件设施的添置上已达数十项，新建项目、升级改造项目和文化设施建设日臻完善。

一、检测维修

对学校来说，各种设施的检测维修是常有的事，但要讲速度和效率。事小而小视，可能会出安全事故。

1.校园围墙的维修加固

由于年久失修，部分围墙已经出现开裂、脱皮，甚至有倾斜、倒塌的隐患。学校及时请专业的施工队对围墙进行了加固，在墙体上做了几道支撑墙，也修补了开裂和脱皮的地方，还在围墙上设计了警示标志。

2.学校电动门维修更换及坏损地砖修补

学校电动门自安装以来风吹日晒，年久老化，经常卡壳，无法运行。厂家大修小修八九次，直至最后更换。校门内外的地砖由于车辆碾压等原因，部分地砖松动、破碎，学校安排相关人员进行维修更换。

3.塑胶操场、乒乓球场、篮球场维修改造

塑胶操场、乒乓球场、篮球场是师生重要的活动场地，长年累月频繁使用导致大块大块的塑胶起皮。学校将原来破损的塑胶全部铲除，重新铺设。

4.楼顶消防水管维修及水管漏点的排查检修

学校利用暑假时间对校内所有的消防管道进行排查，对漏水点进行了全面的检修。

5.楼梯扶手及不锈钢护栏维护

楼梯间扶手出现晃动、损坏，学校组织人员进行检测，统一更换。

6.窗户防护栏维修

学校定期对已坏的窗户防护栏进行统计、维修，特地将楼梯间的窗户处安装了不锈钢防护栏。

7.监控维修

学校的监控系统已经老化，经常出现黑屏现象。学校及时请专业人员对监控系统进行了检测、维修以致更换。

8.楼道门挂钩固定

为防止楼道门来回推动造成安全隐患，学校请来工人在墙体上打入挂钩将门固定住。

9.洗手池更换

卫生间洗手池堵塞，水龙头损坏，学校因此进行了全校性的排查、维修和更换。

10.走廊外玻璃维修

教学楼有些朝外的玻璃出现了损坏，为避免玻璃脱落而伤及师生，学校及时组织人员进行了更换。

11.班班通维修

班班通出现了各种故障，为了不影响教学，学校组织电教人员逐班进行了排查、维修。

12.投影仪维修

部分班级的投影仪出现故障，学校请人进行了检修、维护。

13.校名雕塑墙维修

校名雕塑墙上部分字体油漆起皮脱落，学校请人重新上漆。

14.道路绿化

学校主道路两侧草坪出现了大面积枯黄，部分树枯死。学校重置绿化，让校内绿意盎然。

15.校园排水道维修

排水道盖板出现了松动，学校请维修人员对排水道进行了疏通，对盖板重新进行了加固。

16.消防栓维修

部分消防栓的插销出现了松动，栓不牢，学校进行了全校性的排查、检修。

二、升级改造

为了更好地服务于教育教学，学校广泛征求大家意见，对原有的设施、设备和场地进行了升级改造，装饰上呈现规范化、特色化。

1. 自行车棚扩建改造

暑假期间，学校对停车棚进行改扩建。新建了钢制停车棚，扩大了停车空间。明确停车棚功能区，一边专门停放自行车，另一边停放电动车，并且增加了可充电插座的数量，极大地方便了师生们停车。

2. 会议室的升级改造

学校对行政楼三楼小会议室，五楼大小会议室，进行了升级改造，原来破旧的天花板更换成"蓝天白云"底色的天花板（这个"蓝天白云"底色的天花板得到多家单位赞赏而被效仿），增添了新的智能投影系统。

3. 阅览室改造及电子图书阅读器添置

学校对阅览室进行了改造，新增了电子图书阅读器，不仅让学生们可以阅览纸质书，还能够利用信息化手段进行电子化阅读，激发了兴趣，提高了效率。

4. 心理咨询室改造

原先的心理咨询室过于狭小，不利于教学活动的展开。学校对之改造，扩大了空间，增添了沙盘、立式沙袋等。

5. 美术教室改造

学校对美术教室进行了改造，教室原本单一的颜色被鲜亮的色彩所取代。

6. 舞蹈室、音乐室改造

学校对舞蹈室、音乐室的墙面重置颜色，铺上了木地板。舞蹈室的后墙装上了大镜子，四周装上了爬杆。焕然一新的教室，有了艺术的色彩。

7.教师办公室装修改造及空调维修、采购

学校对中小学教师办公室进行了改造，扩大了面积，更换了多部空调，让办公环境更加舒适。

8.功能室的改造与设备添置

学校对物理、化学、生物、科学功能室重新进行了布置，增添了数套教学白板设备并且配备了危化品安全柜。

9.新增教室的改造与完善

学生数量增加，原来的教室难以容纳增多的学生。学校增添新的教室，配齐教学使用的黑板、桌椅、班班通以及各项教学设备。

10.团委大队部办公室维修改造

把团委大队部办公室扩容并配齐装备。

11.原录播教室改造

学校对行政楼二楼的录播教室进行了改造，检修了设备，更换了课桌椅，让旧教室焕发了生机。

12.教师活动室改造

为了丰富老师们的课余生活，学校对教师活动室进行了改造，添置了乒乓球台、跑步机、动感单车等。

13.总务处、教务处办公条件升级改造

总务处、教务处原先办公场所较小，办公条件简陋，暑假期间学校对其进行了升级改造。

14.足球场及跑道改造

足球场和跑道经过多年的使用，已经出现了大面积的破损，学校将原有的足球场和跑道塑胶全部铲除，更换了足球场和跑道的塑胶。

15.宣传栏改造

学校改造校门口宣传栏，开辟了党建栏目、师德师风栏目、教海泛舟栏目、花样年华栏目、社团采风栏目和特色办学栏目。

三、细节之处

从细节入手，把工作做实做好，管理者既需要有发现问题的眼睛，又需要有认真坚持的态度，更要有敢于较真的作风。

1. 校门口设置可移动三脚不锈钢安全隔离防护栏

学校定制了可移动不锈钢三脚防护栏，用防护栏在校门口隔离出一条安全通道，上学时，学生能轻松入校，放学时，学生有序离校，避免了车辆人流在校门口的堵塞。

2. 校门外安全隔离石球及休息椅的安放

学校在校门口道路两旁安置隔离石球，摆放了一些长椅，石球和长椅各有所用。校园内大道两旁也安放了一些可供学生们休息的长椅。

3. 卫生间水改造

学校对各楼层的卫生间进行了节水改造，节约了水资源。

4. 男女教师休息室改建

学校在小学部教学楼的五楼增设了女教师休息室，在中学部六楼新设了男教师休息室。

5. 门窗玻璃检查、更换

学校定期对全校的门窗玻璃进行检查，并对存在安全隐患的破损玻璃进行更换，确保师生安全。

6. 食堂排烟系统及燃料库的安全隔离防护

在听取周边居民的建议后，学校对食堂原有排烟系统升级进行了改造，并对燃料库进行安全隔离防护，防止意外发生。

7. 办公室、教室、功能室窗帘安装

学校为每个办公室都配备了加厚窗帘，方便了老师午休。

8. 校园楼道盆栽绿植的采购

为了美化校园，学校在校园走廊里添置了120盆栽绿植并且分包到各班级。既美化了环境，又培养了学生们爱护植物的好习惯。

9.安全指示牌

学校在校门口、楼梯道、走廊转角等处设置了显眼的安全指示牌，确保师生的安全。

10.车辆停放指示牌

学校在教学楼后面设置了车辆停放指示牌，让车辆能够有序停放。

11.楼层指示牌

学校在每一个楼层都设有创意层指示牌，还在指示牌上标注安全标语。

12.意见箱

学校在中小学部都放置了意见箱，让更多的师生、家长能够为学校的发展出谋献策。

13.食堂储物间

为了保障师生的食品安全，学校为食堂增建了食品原材料储物间，确保食品的安全存储。

14.购置打印复印一体机若干台

学校原有的打印机因长年累月使用，濒临报废。为了满足打印复印需求，学校购置了打印复印一体机若干台。

四、新建项目

新建的项目有大有小，皆因需要而产生，也因产生而发挥了重要的作用。师生有口皆碑，家长拍手称快。

1.贵池路边江淮学校校牌的竖立

学校向市容局申请，在贵池路北面的绿化带里竖立一个江淮学校的指示牌，方便家长们接送学生，俯仰之间加深社区居民对学校的印象。

2.校门口分流指示牌的设置

学校门口的通道是学校与天鹅花园、领势公馆小区的公共通道，特别是上学放学时间，和居民的上下班时间重合，极易造成拥堵。学校在校门口醒目位置竖立分流指示牌，引导学生和周边的居民有序通行。

3.电子屏的安装

为了扩大学校在周边社区的影响力，学校在校门口、操场看台处和教导处门口分别安装了电子显示屏，将学校的办学理念、"三风一训"、师生获奖的情况、一些重要的活动等一一进行展示，提高了学校在周边社区的认可度。

4.名师工作室的创建

学校在行政楼三楼增设了两个名师工作室，杨使兵区级思想品德名师工作室和金星闪市级语文名师工作室。特别是金星闪语文名师工作室，为学校的教研活动和青年教师的成长搭建了宽广的舞台。

5.学校食堂的创办

为了解决广大师生的午餐问题，学校报建了食堂。食堂明厨亮灶，给师生们创造良好的就餐环境。

6.现代化录播教室创建

学校在中学部六楼增建了一个录播教室，安装了最新的录播系统，满足了老师们上课录课的需求。

7.乒乓球台的采购、安放

学校在操场西南角和教师健身房里各添置了数个乒乓球台，供师生进行体育锻炼。

8.开辟党员活动室

党员活动室是学校党组织活动的主阵地，开辟党员活动室有利于党员进行学习交流和教育培训。

9.督学办公室的创建

学校按照区教体局有关文件精神和责任督学挂牌督导工作要求，创建了督学办公室，做到了挂牌到位、督学到岗、督导到校，为学校教育教学工作的开展提供了有效的督导服务。

10. 书吧的创建

学校对五楼的图书室进行了改造，新建了一个阅读书吧，给师生增添了一个新的阅读空间。

11. 数字化阅览室的创建

为了能够让学生通过数字化阅读了解更为广阔的世界，学校创建了数字化阅览室，为广大师生提供新的阅读方式。

12. 数字化图书馆的创建

学校在中学部的二楼走廊建立了一个云资源数字图书馆。师生们可以在云资源数字图书馆阅读图书，下载自己喜欢的书目。

13. 新增廊道广播

为了让每一个楼层、每一间教室、每一个办公室都能够听清楚学校的广播通知，学校在每一个楼层都新建了廊道广播。

14. 校园无线网建设

学校建设了校园无线网，让整个校园实现了网络覆盖，极大地方便了通过校园网络进行教学活动。

五、文化设施

三年来，学校在文化设施方面投入很多人力、精力、财力。此处所列，仅是其中一部分。

1. 新建校园木质文化廊架

学校新建了一条文化廊架。该文化廊架采用全木质结构，造型新颖独特，受到了广大师生的喜欢。该廊架不仅可供师生们休息，还展示了学校"共营"的办学理念，可以说这是学校这几年来蓬勃发展的一面镜子。

2. 教学楼外墙皮脱落维修及校风、校训等铜字上墙

在校园的左侧依次有行政楼、小学部教学楼和中学部教学楼。三幢楼于2012年投入使用，经过了这么多年的风吹日晒，楼房的外立面已经有部分

墙皮剥落，影响了墙体的美观，还造成了安全的隐患。2017年暑假期间，施工人员对楼房的外立面进行了维修，铲除了原来的涂层，重新粉刷，并在修好的外立面上安置了学校的校风、校训等铜字。

3.校园文化墙

校园围墙，全部改造成了文化墙，不仅可以让学校更加美观，提升学校的办学品位，还可以对师生和家长、居民起到熏陶的作用。

4.楼道、楼梯励志标语贴

学校在楼道张贴了文明公约、学生守则等规范用语，还在楼梯台阶上粘贴了名人名言等励志标语，多途径传播社会主义核心价值观。

5.廊道文化建设

学校倡导并组织在廊道里开辟知识墙，一方面让墙体更加美观，另一方面让学生能从中学习知识、增长见识。

6.班级文化建设

班级文化是彰显班级师生精神面貌的窗口。学校为每个班级提供资金、设备等，让每一个班级都独立创建有自己特色的班级文化。

7.制度文化建设

学校要求将各项制度公开、透明、上墙，对规范学校管理、建设和谐校园、提升办学水平起到监督作用。

8.文化雕塑建设

学校在校园内建有多座文化雕塑，基座上方为名人塑像，基座上刻有名人名言，既传播了至理名言，又陶冶了学生的情操。

9.学校荣誉墙

学校在校门口建有多面荣誉墙，将学校近年来获得的重要奖项集中进行了展示，是学校对外宣传的重要窗口。

10.17个功能室文化布置

各个功能室，精心布置，既有制度，又有工作流程，既有图示，又有文字说明，既美化了功能室的环境，又能够让学生受到潜移默化的影响。

第二节　管理细化

学校管理是个细致活，说起来容易做起来难，不仅制度要细，行动要实，还要方法得当，措施得力。在实施细化管理的过程中，我们以考勤为抓手，以行政为依托，以教学管理和德育管理为主线，由表及里，革故鼎新，由浅入深，锐意开拓。

一、抓考勤守底线

（一）上下班考勤

为了规范学校纪律管理，提高工作效率，经校行政会研究决定，所有教职员工上下班实行打卡考勤，上班时间：上午8：00—11：00（7：30-8：00打卡上班，11：00后打卡下班），下午14：00—17：00（13：30-14：00打卡上班，17：00后打卡下班），如有特殊情况须提前向分管校长请假，同时向校办公室报备，以便统计。全体教职员工应按作息时间准时上下班。

（二）升旗仪式考勤

为加强学生爱国主义教育，促进升旗仪式的制度化、规范化、特色化，经校行政会研究，要求：除了特殊天气，每周一上午9：30由升旗班级在操场上组织升旗，全体教师和学生都要参加升旗仪式。

学校安排当天值日学生干部迅速清点人数并做好考勤记录。德育处成立巡查小组对各班级集合和升旗全过程（集合时间、出勤人数、班级秩序等）进行检评、记录并反馈。

（三）大课间班主任考勤

为了开展好大课间活动，确保学生活动安全，经校行政会研究决定，要求各班级积极开展大课间活动，班主任老师不得离开活动现场，严格遵守活动时间。各班级开展活动要丰富多彩，体现班级个性，彰显班级特色。学校安排行政人员巡查。

（四）教师例会考勤

为了强化学校内部管理，严格会议纪律，要求全体教师必须以职业道德规范要求自己，服从学校安排，无特殊事，不得耽误教师例会。有特殊事需提前请假，要有假条，并经学校领导批准，安排好工作后方能离校，所误会议内容应及时补上。病假要有医院证明。

（五）校本培训考勤

为严肃校本培训的学习纪律，确保校本培训的学习时间，使学校的校本培训工作有条不紊地开展，行政会要求：

凡因公事（含产假）请假，培训内容自行后补。公假不计入奖惩范围。

病、事假：凡因病、事请假者，须具备请假条，病假要有医院证明，并经校本培训领导组组长同意后，记病、事假一次。

培训学习时，全体参培人员不做与学习无关的事，关闭一切通讯工具，认真听讲，认真笔记。积极主动地完成各项培训任务。

（六）大型活动考勤

为了保证学校大型活动的顺利开展，经校行政会研究决定，要求：除病假（要有医院证明）外，学校举行大型活动时，全体教职工不得请假，各负其责，积极支持和配合学校工作，保证活动顺利进行。

学校安排当天值班领导清点人数并做好考勤记录。巡查小组对活动时间、出勤人数、班级秩序等进行检评、记录并反馈。

二、行政人员职责

（一）书记职责

1.党支部书记在上级党委的领导下，主持党支部的日常工作，参与讨论、研究、决定学校的重大问题，充分发挥党支部在学校中的战斗堡垒作用。

2.积极宣传和贯彻执行党的路线、方针、政策，保证党和国家的教育方针、政策在学校的全面贯彻执行，保证上级党委和教育行政部门的指示在学校的贯彻落实。

3.研究制定学校教职工思想政治工作计划，组织好教职工的政治学习，掌握教职工的思想动态，深入细致地做好教职工的思想政治工作。

4.制定党支部工作计划，定期召开党支部会议，集中精力抓好党支部的思想、组织、作风建设，抓好党的纪律检查工作，加强党员自身的修养，发挥党员的先锋模范作用。

5.广泛听取群众的意见，听取党员同志的意见，不断加强对积极分子的培养、教育和考察，积极慎重地做好发展党员工作。

6.做好干部的培养、教育、考查工作，按照党的德才标准和四化方针，协助校长做好学校的中层干部的聘任工作。

7.加强对教代会、工会、共青团工作的领导，支持他们的工作，充分发挥群众组织的积极作用。

8.全力支持校长行使职权，带领、组织党员在完成行政任务中起模范带头作用。

（二）校长职责

1.校长是学校行政负责人，在上级主管部门的领导下，依照各项政策法规管理学校，主持学校教育教学和一切行政工作。

2.贯彻执行党的教育方针政策、教学大纲以及上级党政、教育行政部门的指示精神，定期向上级教育主管部门请示汇报工作。

3.正确贯彻执行党的政策，政治上充分信任和依靠教师，业务上积极培养和帮助教师，关心教职工的思想和生活，合理安排他们的工作，充分调动他们的积极性。

4.坚持以教学为中心来安排各项工作，建立正常的教学秩序，经常深入教学第一线，了解教学情况，研究教学规律，努力提高教学质量。

5.校长应保障教代会和工会行使其职权，要支持共青团、少先队等组织的工作。

6.抓好学校的体育卫生工作，督促有关部门合理安排学生的学习、文娱、体育活动。

7.抓好后勤服务工作，加强学校后勤队伍的思想组织建设，认真贯彻勤俭办学的原则，督促搞好电教设备、图书、仪器、体育卫生等设施的管理工作。

8.主持学校行政会和教师例会，充分发挥民主，坚持集体领导，讨论学校人事安排、工作计划、工作总结以及各项重大事宜。

9.增强对教育工作的事业心、责任心，事事以身作则，做师生员工的表率。

（三）副校长职责

【后勤副校长职责】

1.主持学校后勤工作，坚持以后勤服务育人。

2.建立和完善后勤管理制度。

3.加强后勤工作人员建设和管理。

4.深入后勤第一线，及时解决处理偶发事件。

5.领导总务处工作，坚持勤俭办校原则，努力改善办学条件。

6.建立和完善财务管理制度。

7.关心师生员工和退休教职工生活，办好食堂。

8.管好校产，做好校产维护和维修工作，建立赔偿制度。

9.做好后勤人员思想工作，考核后勤工作人员工作绩效。

10.总结后勤工作经验，定期向校长汇报工作。

11.负责加强学校校园环境的建设，使校园环境达到绿化、美化、净化、亮化、现代化、人文化。

【教学副校长职责】

1.协助校长管理全校的教育教学工作。全面贯彻教育方针，推行素质教育。对所分管的工作不推诿，敢于负责，对校长负责。

2.努力学习教育教学理论和教育法规，提高教育教学的管理水平，增强教育教学的科学决策能力以及自身的教研能力。

3.制定全校的教育教学管理计划方案，为校长管理学校的教育教学提供决策依据。

4.经常深入教学第一线进行听课、评课、检查、督促，保证全校的教育教学工作按计划有步骤的正常开展。

5.大胆创新，开创教育教学管理的新局面，创出办学特色。

6.指导和督查教导处和教研处工作，保证正常的教学秩序。抓好初三毕业班工作、各类竞赛工作及艺体工作，创出优良的教学实绩。

7.正确处理好德、智、体等方面的关系，不断开创教学工作的新局面。

8.指导和组织教学研究工作，领导好教育科研课题组工作，创出优良的科研实绩。

9.抓好教师的业务进修工作，培养一支优良的师资队伍。做好教师的传帮带及对外开放日等工作，协助校长搞好教师的年终考核和职评等工作。

10.加强教学设施的更新、添置、使用、维护，提高教学硬件的使用率和完好率。

（四）办公室职责

1.贯彻执行党和政府的方针政策以及上级部门和学校的有关规定，结合学校实际提出具体实施意见或办法，并组织实施。

2.协助党支部了解教职工的思想状况、意见和要求，及时向校领导汇报，并协助处理学校日常行政工作。

3.做好有关的会议安排，并做好会议记录，编印有关会议纪要。

4.整理学校大事纪要，编写工作日程，起草相关报告、决定、通知等文稿，负责以学校名义发出的文件、通知等的审核，并负责组织上述各项资料的印制和分发。

5.协助校长做好学校管理工作，协调部门之间联系，做好校领导的参谋和助手。

6.做好学校教职工的聘任（用）、转正定级、职称评定、工资变更，负责对教职工进行考勤、考核和奖惩工作。

7.负责学校的印鉴管理。

8.负责上级领导来校视察、兄弟单位来校考查、参观学习的组织、接待工作。

9.负责来信来访，组织信息工作和通讯工作。

10.负责安排落实行政人员平时及节假日值班工作。

11.承办校领导临时交给的其他行政工作。

（五）教研处职责

1.制订全校教研计划。对学校的教育教学改革提出建议和意见，有目的、有计划、有步骤地指导全校教育教学改革和教科研工作。

2.组织教师学习教育理论，研究教学方法，提高教师的教科研水平，形成良好的教科研氛围。

3.负责校内各层次课题的筛选、论证、确立和实施，负责课题的逐级申报。重点抓好校级以上课题的实施。确保开题论证、阶段评价、课题鉴定等环节圆满完成。

4.结合学校教育改革，进行经验总结和教科研论文写作指导，提高教师提炼教育科研成果和撰写论文的能力。

5.对教师校本培训、校外培训、教研活动和继续教育进行组织、管理、考核，引领教师专业发展。管理好教师的业务档案。

6.协助教导处组织一学期一次的对外开放周和公开课观摩活动。

7.做好教研成果的搜集、梳理、汇总工作，为提高学校教育品位提供服务。

8.完成校长室及上级教科研部门布置的其他工作。

（六）教导处职责

1.协助分管校长制订具体的教学工作计划。

2.领导教研组工作，审核教研组工作计划，定期召开教研组长会议。

3.负责检查教师的教学及学生的学习情况，定期召开教师和学生座谈会，及时发现问题，提出改进措施。

4.对社团种类设置、课程计划及实施过程进行全方位督促、考核、评估。

5.领导组织好期中、期末考试及成绩分析工作。

6.协助学校领导做好招生工作和毕业班工作；组织好结对单位来校听课、参观、学习的工作。

7.协助学校领导做好学期、学年度教师业绩的考核、评比工作。

8.搞好学籍管理及各种资料管理工作。

9.做好实验室、计算机室、阅览室等功能室的考核、评估工作。

10.完成学校领导临时分配的工作任务。

（七）德育处职责

1.协助校长制定和组织、实施学校的德育工作计划，加强学生的思想政治教育，树立良好的校风校纪。

2.领导年级组、班主任工作。指导班级上好班会课，开展各项适合学生参加的德育活动。定期召开班主任工作会议，组织学生政治思想交流、教育工作。协助校长选配班主任，指导、审查班主任工作计划，并检查计划实施情况。协助校长做好对班主任的工作考核评估。

3.检查执行《中小学生守则》《中小学生日常行为规范》的情况，做好日常班级评比，完善班级管理工作，及时提出加强思想政治教育工作的意见。组织班主任做好学生的德育考核、操行评定及评选"优秀学生干部""三好学生""文明学生"等工作。做好后进生的转化工作，对犯错误的学生按有关规定，予以积极耐心的教育帮助。

4.组织新生入学教育，做好学生参加社会实践工作。搞好德育基地建设，联系、组织学生到基地开展活动。在传统节、假日组织宣传教育活动，指导课外有益的集体活动。

5.加强学校、家庭、社会的联系。计划安排和组织召开家长会议，做好家长学校日常工作。

6.建立健全学校德育管理规章制度，收集、整理和管好本部门的常规工作资料。

7.帮助共青团、大队部在学生中开展各项有益于青少年身心健康的活动。

8.完成校长布置的其他工作任务。

（八）总务处职责

1.负责教学用品的采购、管理和供应，按计划订购和发放师生用的课本、练习簿以及教师的办公、教学用品，购买图书、仪器、体育、医疗用品。

2.管理校产。负责学校基本建设和校舍、桌凳等校产的登记、管理、添置和维修，督促师生执行校产的使用和保管制度。

3.管理财务。严格执行财务制度，做好学生各项经费的收缴工作，合理使用各项经费，定期审核公布账目。

4.搞好师生的后勤服务，管理师生的食堂及其他公共福利事务。

5.规划、管理学校的绿化、清洁卫生工作，做好学校的安全保卫工作。

6.负责总务部门职工的政治和业务学习并做好考核和管理工作。

7.熟悉《中小学生守则》《中小学生日常行为规范》的内容，做到管理育人，积极支持学校和班级组织各项活动。

（九）安全科职责

1.贯彻落实上级和有关部门关于学校安全工作的法律法规的方针政策。

2.负责起草学校安全工作的综合性文件，拟定学校安全事故应急预案，指导、监督学校全面落实安全工作责任制。

3.组织开展多种形式的安全法规和安全知识的宣传、教育和培训活动，指导开展各类安全事件的工作防控。

4.负责对学校安全工作、学校及周边环境综合治理工作的统筹、协调、实施和督办。

5.定期分析和预测学校安全形势，并提出建议举措。

6.负责学校安全事故紧急救援和事故处理的统筹协调工作，及时处理安全事故。

7.负责学校安全事故情况通报及数据发布工作，定期组织安全检查和评估工作等。

（十）团队职责

【团委职责】

1.在校党支部的领导下，有计划、有总结地积极开展团委工作。

2.指导各班团支部书记每月开一至两次会议，总结、安排团委工作。

3.每学年进行团籍管理、团员证注册。

4.每学年团支部统一按时换届。及时接收团员缴纳的团费并上缴区团委。

5.每学期至少上两次团课。

6.结合重大节日和纪念日，组织开展形式多样、内容活泼、有教育意义的活动。每学年在允许的情况下承办一到两次全校范围的大型活动。

7.要认真做好非团员青少年的调查和发展新团员的工作，建立团员花名册、积极分子花名册及考核档案。

8.认真做好团的宣传工作，充分利用广播站、黑板报、白板、宣传栏等途径，对学校的工作及活动开展情况，取得的重大成绩等做广泛深入的宣传报道。

9.各班要认真完成团委和上级团组织下达各项任务，重点做好班风、学风建设。

10.认真组织团员参加各项活动。

11.各团支部每月要向团委汇报工作情况。

12.团干部要热心为同学们服务。注意发现有特长团员，协助团委工作。

【大队辅导员职责】

1.配合学校德育工作。根据少先队的任务和学校党支部、团支部的指示精神制订和实施学校大队部工作计划，安排学生活动，审核各中队工作计划，指导各中队开展活动，检查各中队的活动情况。

2.抓好少先队的思想建设和组织建设，教育队员遵守党的教导，遵守队章，好好学习，天天向上，做共产主义事业的接班人；做好队员的发展、编队、选举、奖励、处分等工作，定期召开少先队代表大会，总结少先队的工作。

3.运用少先队的特有组织形式和教育手段，对队员进行组织教育及社会主义核心价值观的教育。

4.聘请中队辅导员，进行岗位培训；做好大、中队干部的工作，建设好少先队骨干队伍。

5.注重少先队阵地建设，办好校园广播、板报、队报，发动队员订阅报纸杂志。

6.做好少先队活动的资料收集整理工作，建立健全少先队档案。

7.向学校党团组织、行政领导反映少先队员的意见和要求，对学校工作提出合理化建议。

三、教学管理

（一）落实常规抓规范

1.抓备课质量

上一堂课不难，上一堂有质量的课不容易，经常上高质量的课就更不容易。工夫应下在上课前。一般来说，备课越充分、越认真，课堂教学质量就越高。备课备什么？通常包括以下几项：备学生，备课标，备教材，备教参，备重难点，备设计，备教法，备课例，备作业，备检测，等等。这里所列的需要"备"的每一项内容，无不要求认真、充分、精益求精。俗话说："磨刀不误砍柴工。"在备课上花的时间越多，备课质量往往越高，教学效果往往越好。为此，我们结合校情，制定了教案检查制度。

附：

合肥市江淮学校教案检查制度

一、教案书写及上交要求

1.每个学科的教案必须附有详尽的教学进度、教材分析、教学计划。

2.教师备课必须与教学进度同步。

3.每个教案教学课时、教学要求、教学流程及反思等要齐全。

4.学校听课结束，上交本节教案。

5.新任教师对所教学科，使用新教材，必须备翔实教案。

6.本学科教龄在10年以上的教师，要有详细教案，10年以上的教师可在原来使用过的教案基础上进行补充、修改（最好用不同颜色的笔）；如无补充修改者，教案质量考核作降级处理。

7.对年龄在45岁以上（包括45岁）的教师，可上交简案。

8.代课教师教案每学期上交4次。

二、教案检查方式

1.教务处将不定期对任课教师的教案进行检查。

2.期中、期末定期检查。

3.随机听课的教案检查。

三、教案等级评定方法

1.A等教案

①教案数与实际上课数相等。

②教案书写规范，每个教案都有教学时间、教学目的要求、重点难点、教学过程、作业布置等环节。

③第二次使用的教案，要有较大篇幅的修改。

④教学进度符合教学计划。

2.B等教案

①教案数与实际上课数相差10%以内。

②教案书写不够规范，教学目的要求、重点难点、教学过程、作业布置等环节有欠缺。

③教案中的教学时间及内容与教学计划不相符。

④多次重复使用的教案未做修改的教案。

⑤有些从网上下载，又不做修改，脱离学情的教案。

3.C等教案

①教案数与实际上课数相差30%以内。

②教案书写很不规范，几乎无教学目的要求、重点难点、教学过程、作业布置等环节。

③教案中的教学时间及内容与教学计划严重不相符。

④大量教案从网上下载，又不做修改，严重脱离学情。

四、教案的评定

1.教导处、年级组长、教研组长成立评定委员会,对教师的教案做出评定,记录在册。

2.每学期学校根据公示的评定结果,纳入绩效考核。

为了全面促进学校教学工作的规范,同时进一步深化学校的课堂教学改革,教导处对各任课教师教案都进行细致、全面的检查并反馈。

附:

合肥市江淮学校教导处检查任课教师教案的报告

一、整体检查情况

1.总体情况良好,绝大多数老师能根据所任学科教材及所在班级实际,认真书写自己的教案,以指导自己的教学实际。教学流程清晰。

2.大部分教师的教案内容详细规范、项目齐全、突出重难点,学习方法明晰,课后小结清晰,有实效性,有针对性的练习,板书设计有特色,批注详细、有效。

3.教学反思及时,做到课中有反思、课后有小结,凸显了反思的效果。

二、存在的问题

1.在本次教案检查中,绝大部分的教师都能做到先备课、后上课。但个别老师的教案内容单调无味,不能引发学生思考。个别教师的教案不能显示自己的教学进度、不能落实教材的内容,没有显示执教时间。

2.个别教师的备课过程过于简单,教学活动没有体现,文字性表述偏少,字迹不够工整。

3.课后反思过于简单,一句话、两句话结束,反映出对反思的认识不深,教师自身的认识不够。教学反思虽有一定的数量,但往往流于形式,针对性不强。不能很好地起到反思—调整—改进的作用。提倡教师课后如发现有更好的上课思路、方法，应及时写在备课本上，补上去或修改好。

4.部分教师教案书写的项目不齐全，无进度、无时间、无批注、无板书。

三、改进措施

1.今后教导处要加大检查的力度，增加抽查的次数。

2.检查时，对存在的问题进行"一对一"的交流。

3.必要时，对个别教师进行个别谈话、指导。

总之，通过教案检查，能够反映一位教师的教学态度和业务能力，希望教师们在不断钻研教学的同时，认真撰写教案，使撰写的教案具有更强的操作性、规范性、实用性，从而使教师的业务素质得到提高。

2.抓课堂效率

课堂教学是提高教育教学质量的主要阵地。要想提高教学质量，必须从课堂教学效率上予以突破。学校十分注重高效课堂的建设，要求每位老师在上课堂之前都要精心备课，反复钻研教材和教学参考书，写好备课笔记；每个教研组每周必须进行一次集体备课，发挥众人的智慧，让老师在上课之前做到胸有成竹，不打没有把握的仗，做到"知己知彼，百战不殆"。

具体要求大致如下：

（1）上课的基本要求：目的明确，内容准确，方法科学，语言精练，组织严谨。讲课要做到"五为五突"，"三讲三不讲"。"五为"即教师为主导，学生为主体，训练为主线，思维为核心，育人为目标。"五突"即突出重点难点，突出精讲巧练，突出思维训练，突出因材施教，突出教学效率。"三讲"即讲难点，讲疑点，讲规律方法。"三不讲"即学生已学会的不讲，学生自己能学会的不讲，讲了学生也学不会的不讲。

（2）严格规范教师教学行为：教师提前3分钟到达教室门口，目视学生，使其安静。教师上课要穿着整洁，仪表端庄，精神饱满，体育教师上课要穿运动衣、运动鞋。教师上课时不吸烟、不喝茶，不接打手机，不做与教学无关的事，不随便离开课堂，也不拖堂。严禁体罚或变相体罚学生，也不得以少数学生捣乱为由离开课堂。注意纠正学生坐、写姿势，指导学生养成良好的习惯，形成良好的行为规范。

（3）扎实提高教学基本功：教师语言要准确规范，精炼生动，富有启发性和吸引力，杜绝语病；注意音量和力度，要有激情。板书要清晰、简练、准确、规范、布局合理，字体大小适中，使全体学生都能看清楚，可用不同颜色强调重点。严格执行高效课堂的教学程序要求，预设点拨内容，尽力做到少讲或不讲。力求激发学生去发现、理解、掌握和运用知识。重视学生展示和点评，力求教学过程合乎认知规律。注重基础知识，培养学习能力，注重创新意识。善于指导学生利用已有知识进行推测、分析，进而增强把握未知知识和解决问题的迁移能力。

（4）听评课制度：各教研组每周至少安排一节公开课，所属学科组教师必须参加，要做好听课记录。课后教研组长要及时组织评议，并将评议结果形成规范的文字材料上报教务处。学校领导带头深入课堂听课、评课。分管教学的领导每周听课不少于三节，听课后要参与评课讨论，提出指导性建议和改进措施。组长、备课组长和任课教师每周听课不少于两节。听课时要做好详细的听课过程记录和评课记录。结对子的教师更要相互听课。青年教师每周要准备一节课请老教师指导。老教师要不定时地旁听青年教师上课，并做好记录。以上两项内容年级组每周检查一次，做好记录并进行总结。评课时先由授课教师说课，说授课目标、环节设计、课堂学生参与情况，并说明本节课的感受及任务完成情况。然后，参加听课的每个教师轮流发言，发表自己的看法，提出自己的见解。

3.抓课后作业

学校由副校长室牵头，教导处组织全体备课组长进行全校性期中、期末教学常规检查，内容包括教师的教案完成情况以及学生作业的批改情况。

示例：学校召开小学部教学常规检查反馈会，由教导处张玮玮主任主持，小学部全体教师参与。小学语文组优秀的教案范本和规范细致的作业批改形式得到展示；小学数学组教学设计认真详尽，教学反思深刻，板书设计工整、图文并茂，作业批改认真、评价多样；小学英语组教案书写极其认真，教学设计生动活泼，作业批改及时有效。小学部的胡珺副校长肯定了老师们尽心尽责的工作态度。张曙校长从钻研教材、回归课堂、关注学生方面进行总结发言。

4.抓教学质量

学校特别重视初中部教学质量，召开分析会，有整体教学质量情况分析，有各班级具体教学情况分析，还有对个体情况把脉问诊。分析会促进教师反思，增强了教学的针对性和实效性。

示例：学校召开九年级一模成绩分析会。通过找问题、纠错误、寻方向，强化复习，备战中考，实现预定的中考目标。各任课教师对一模考试学科成绩及教情学情进行了透彻的分析，表示要继续深入开展分层教学，加强培优补弱。

校长就毕业班后期工作提出要求：九年级工作是学校重中之重，要一如既往地抓好；九年级全体老师要精诚团结，形成合力，研究考纲，精心备课，上好复习课，各学科授课老师统筹协作，有针对性地做好班级尖子生和潜力生的培优和辅导工作，班主任发挥引导作用，配合体育组抓好体育中考训练。

5.抓集体备课

为增强课堂教学效益，提高青年教师执教水平，学校定期组织集体备课研讨活动。活动一般由教师说课、集体备课、教师上课、集体评课四个环节组成。列举数例以供参考。

小学数学组由组长王美艳老师负责并牵头主备。她备《平移和旋转》一课，首先介绍了本次备课活动的意义及其重要性，然后就本次课题讲述备课计划和重难点。研讨过程中，大家各抒己见，对教案进行了修订与完善。王美艳老师选班执教本课，数学组老师参与听课，并对上课过程中出现的问题再做进一步分析和反思。

小学语文组选择苏教版二年级下册《水乡歌》作为素材，由组长张磊主备。先出示课件开始说课，从教材和学情出发，结合自身优势，灵活处理教材，注重对低年级学生的识字要求，重点加强对孩子基础知识的巩固和阅读能力的培养。随后其他几位教师紧扣教学目标，提出了自己的见解和看法，也提出不少在教学过程中碰到的困惑。最后，部分老师对张磊的教学设计和课堂实效进行评价，给予有针对性的教学建议。

中学语文组集体备课活动由周丽红主备八年级上册《生物入侵者》一课，她用述课的方式，利用多媒体展示上课的思路和主要内容，从说明文的特征入手，根据此课的具体特点，将说明顺序作为此课的重点讲解部分。图文并茂，将有趣而抽象的课文内容生动形象地展现出来。四名教师依次对周老师述课的优缺点进行讨论，最后集体研讨出一份最终的定案供组内教师分享。

中学英语教研组集体备课活动由台建会老师主备，她的课题是八年级上册"What should we do before help arrives?"。台老师运用PPT形式进行了生动的导入和呈现，完成了一节较为完整的听说课，随后各位老师进行了评议。第二天，在前一天的集体备课的基础上，台老师在八（2）班上了一节展示课，逻辑清晰，师生互动充分，达到了较好的教学效果。展示课结束后英语组老师进行了及时评课。

6.抓推门听课

学校成立了以校长任组长，分管副校长、教研处、教导处和教研组长为成员的"推门听课"小组，制定听课方案，确定听课评分标准。听课内容涵盖全体任课教师。课上，听课领导悉心倾听，时时关注教师和学生的课堂表现。课后，听课领导和上课教师就如何提高课堂教学质量、课堂教学的得与失等问题进行沟通、交流和研讨，对年轻教师的成长有很大促进和激励作用。

（二）围绕学情抓管理

1.班主任例会答疑解惑

为了促进学校班主任团队的专业成长，切实提高班主任班级管理水平，学校定期召开以"交流·分享·成长"为主题的班主任工作经验交流会。每次列会都有很多班主任做了精彩的发言，讲述故事，分享心得。交流会为班主任们搭建了一个相互交流研讨和学习的平台，让班主任们取长补短，不仅达到了资源共享的目的，还切切实实地促进了班主任团队的专业成长。

2.家校联动助力孩子成长

学校每学期都要开展一次为期一周的家长开放日活动，让家校零距离接触，增强学校、教师、家长之间的沟通，让家长走进校园，走进课堂，了解学校的管理与发展趋势，了解课堂教学和课改动向，从而更好地配合学校，共同关注每一个孩子的健康成长。

示例一：一年级家长们参观校园，观摩了孩子在校的升旗、早操、娱乐活动，进入课堂，观摩语、数、英等学科的教学。家长们看到了孩子们积极参与活动的情景和愉悦、欢快的精神面貌，感受到了老师对孩子们无微不至的关怀。

示例二：三年级家长们在教室里认真听课，关注孩子的课堂表现，在亲身体会中感受到老师们在教学中启发与引导，教学内容丰富，教学形式灵活，教学方法多样。

3.教师例会交流心得

交流心得是学校教师例会的重要内容和常规内容。在例会上，外出培训学习的老师要向全体老师传达学习内容，分享心得体会。专家讲座，亦可进入例会，直接解答教师疑惑。

4.扬正气树典型重奖励

学校重视开学典礼。

全体师生在操场上齐聚。师生代表先后发言。校长致辞，从国家大事谈到学校建设，从课堂教学谈到社团活动，号召大家在新学期、新起点积聚力量踏上新征程，展望新未来，期望新成功。

校领导为上学期先进班集体、优秀中队及全体毕业班教师颁发"突出贡献"奖牌。

最后的升旗仪式将开学典礼推向高潮，奖牌熠熠生辉，国歌激荡未来。

（三）依据校情抓特色

1.校聘督学引领课堂

学校聘请了六位享有盛誉的名师专家担任校内督学，规模大，辐射学科多，成为学校教学教研的一大亮点。督导深入学校，为教师答疑解惑，传递教学新理念，赢得了教师们的信赖，被亲切地称为"师父"。督学推门听课，课后评课，是学校的一项常态化教研工作。

2.师徒结对帮扶共进

学校把十一月作为"教学月"，内容囊括"师徒结对""实课录相""板书比赛""师德师风演讲比赛""社团开放日及成果展示"等项。师徒结对，一份聘书让师傅承担下了一份沉甸甸的责任，也让徒弟多了一份约束和一个成功的机会。校领导希望师傅做好示范表率，引领徒弟在"教学月"中有出色的表现。

3.校际交流填补短板

学校重视与名校的交流与沟通。

示例一：与安医大附小开展"同课异构"展示活动。

江淮学校朱军妮老师和安医大附小李菊老师分别承担，课题是苏教版一年级下册《蚂蚁和蝈蝈》。参与活动的两校领导和所有语文老师进行了精彩的点评并提出了指导性的意见。江淮学校开展的"同课异构"活动，不但能让教师拥有更多自我钻研的空间，而且能激活教研组集体的创造力，形成自己独特的风格，并与名校携手共创江淮美好明天。

示例二：与北京市体育场路中学开展"北京—蜀山"两地"同课异构"教研活动。

数学学科以沪科版八年级《勾股定理》为题，北京市体育场路中学李岩老师与江淮学校江卫三老师分别授课。地理学科以《中国的行政区划》为题，江淮学校叶传勇老师和北京体育场路中学刘雪娇老师分别授课。随后，分别对数学和地理课堂作了多角度、深层次的点评。此次活动推进江淮学校与北京体育场路中学合作交流，拓宽了两校教师的视野，促进教师专业化成长。

附：

提高教学质量的十点做法

教学质量是学校的生命，是教育的生命，关系着学校的生存和教育的发展。如何提高教育教学质量，它是学校教育工作永恒的主题。因此，我们每一位教师必须认真查找自己在过去教学上存在的问题、分析问题存在的原因，找出解决问题的办法，努力提高我校的教育教学质量。这里，我对大家提出如下建议：

一、把功夫下在课前。我们上一堂课并不难，上一堂有质量的课就不容易，经常上高质量的课就更不易，其功夫应该下在课前。教师要认真钻研教材，仔细研究备课，写好批注与反思，力求在课堂上讲出适合于本班学生口味的课。一般说来，备课越充分、越认真，课堂教学质量越高。备课备什么？说法不一，但这么几项是要包括的：备学生、备课程目标、备教材、备教参、备重难点、备知识点、备教学内容、备教学设计、备教学方法、备学生活动、备例题、备作业、备教法、备课堂及时检测和反馈等。这里所列的需要"备"的每一项内容无不要求"认真、充分、精益求精"。俗话说"磨刀不误砍柴工"，在备课上花的时间越多，教学质量也就越有保障。反之，越没时间备课或备课越马虎、随意，教学质量就越没保障。

二、把力量放在课内。如果我们要尽可能做到每堂课优质高效，必须遵守几点原则：①必须明确本堂课教学目标。课堂教学目标是教师根据教学目的、内容及学生实际而制定的一种具体要求和标准，它是教学目的的具体化，是课堂教学的方向，是一堂课的灵魂，是判断教学是否有效的直接依据，可以指导控制教学过程，可以标明了学生学习之后要达到的"目的地"，所以在制定教学目标时必须明确、具体。目标明确，方向才明确，可以说目标达成度高，课堂教学的效果就好。②必须让学生积极参与教学活动。人们常说："兴趣是最好的老师。"如果我们在设计教学时，能够采用多种形式激发学生的兴趣，让学生在充满生活情趣的课堂中参与学习，真正让孩子体验到学习的喜悦、学习的信心、学习的激情，这样往往就会产生事半功倍的教育效果。③课堂教学要做到"四个一点"的要求，即"容量大一点、节奏快一点、讲得精一点、练得多一点"，现在倡导的高效课堂教学过程就是尽量减少教师对学生学习时间的占领，把大部分时间交给学生，让学生自己"生产"知识。④因材施教。教学有着自身的特殊性，首先它特殊在教学对象，即教学对象是一个个特殊的"个体"，他们来自独特的家庭，有着自身特有的遗传，他们各自具有不同的智能或智能组合优势以及心智发展水平，他们的性格特征、生活阅历和兴趣爱好均不同，换句话说，教育不能以一样的方法应对百样的学生。实际上从教育过程看，教育也不是批量生产的，教育只能是学生个性化的过程，教育只能是一把钥匙打开一把锁。我们至少应该从课堂设计、作业布置、个别辅导到单元过关要求上对班上的所有学生梯度对待，因此只有多了解班级中学生的个体差异，特别是后进生、留守儿童、不做家庭作业学生的特点，针对他们的特点进行相应的安排，在教学中也针对他们设计一些问题，因材施教，才能保证整体的教学质量。其次，要转变备课形式。以前老师们备课基本上都是一本教材、一本教师用书再加上一本教案参考各自埋头独立完成。所以教学的设计就不是很全面，不能面向全体学生。课改后，教材以主题单元出现，还有很多教师是以课文为单位来备课，没有注意到整合单元主题，也就不能照顾到学生的个体差异。为了改变这一现象，使自己的教学设计面向全体，更加完美，我们在今后的校本教研中，同年级的教师可以相互讨论下一单元的教学设计，提出困惑的问题讨论。上一个年级的教师也可以给下一个年级的老师指出他们去年教学时遇到的问题，这就避免了我们在教学中出现类似的错误，提高了课堂效率。这样我们就能更好、更有效地根据本班学生的实际情况设计教学，更好地关注学生的个体差异。最后，教师的教学设计，要分层设计教学目标、教学方法、问题设置等。在课堂上更好的关注个体差异。如果提出的问题太过笼统，举手学生大多是优等生，这就没有面向全体。如果提出的问题过于细致，这又不利于学生的思考。所以，在课前设计教案时，就需要针对学生的实际情况，为优等生设计有一定难度、发挥个性的问题。为学困生设计一些简单的、能激发其学习兴趣的问题，使他们在原有的基础上都有所提高。关注每一个学生，关注学生的个体差异，采用不同教学方法，让他们快乐的成长是我们每一位教师的职责，我们应该在新课程理念的指导下面向全体学生因材施教、顺学而导。

三、大胆尝试教研教改。教学过程不是固定不变的，它会随教育目标、教学内容和教学对象以及教学评价的变化而变化，如过去人们很强调教，现在更强调学，过去强调学会，现在强调会学，过去强调终结式评价，现在强调发展性评价等。新课程改革的实施有一个关键环节就是转变教学方式，如果不转变教学方式，那么所谓新课改无非是"穿新鞋走老路"。因此，当一种教学方式、教学模式落后了，不适应新的教学质量的要求，这种方式或模式就必须变革。我们有必要反思一下，现在各学科的课时是不是多了，学生没了自主支配的空间？课堂上教师是不是讲多了，学生不仅少了自主学习的时间，而且由于课堂信息泛滥或超载而导致学习疲劳，甚至厌学？学生的作业量是不是大了，使学生由学习的主人而堕落为作业的奴隶？学生"我要学""乐学"的模式是什么？如何实现低耗高效的教学？如何让学生由"一"到"多"，再由"多"到"一"？如何使学生达到举一反三和以一当十？等等。我们只要敢于改革、善于改革，就不愁教学质量得不到提高。

四、科学评价。科学的教学评价是建立在对教学和学生的充分了解的基础上的，在《小学数学教师》月刊上有这样一个关于对学生学习情况评价的案例。有4个同学在学科测评中都是80分，甲同学的80分只是保持了原有的水平，乙同学和丙同学都由70分进步到80分，但乙同学凡是做了的题都得了满分，丙同学完成了整份试卷却错了20分，丁同学则是由过去60分的水平进步到了80分的，显然同样的分数，他们的发展程度是不同的，从发展性评价看是：丁>乙>丙>甲。由于4位同学的发展不同，教学质量的评价就不能一样。教学质量的科学评价要贯穿到教学的全过程中，如学生听课的评价、作业的评价，特别要重要教学检测的评价，如得分率、全对率、全错率、预测难度值与实际难度值的比较，甚至具体到每一个同学的卷面实际情况，都应有统计和分析。科学的教学是以科学评价为基础的，教师只要知己（明了教学要求）知彼（学生的学情），提高教学质量就不在话下。

五、把补困加在课后。在教学过程中，要求全体学生完全掌握所学的知识是不现实的，总会有那么几个学生在学习上有困难跟不上其他同学。教师决不放弃每一位学生，不但要帮助学生解决学习上的疑难问题，而且更要帮助学生解决思想问题。并利用课余时间对后进学生进行个别辅导，经常与后进学生谈心，鼓励他们克服心理障碍，只要他们有所进步，就给予肯定和鼓励。

六、精选课堂教学习题、作业题。①作业的形式要多样，可分口头、书面、思考，布置课外阅读作业，力求能开拓学生知识面，启发学生思维、培养学生能力。②作业的内容要精选，分量适当，难易适度，并具有层次性、思考性、应用性、开放性。③作业的规格要统一，严格要求学生认真、按时、独立完成作业，做到书写工整、格式规范、步骤清楚、书面整洁。④批改作业要及时、认真、细致、不漏批错批。当天的作业当天批改，作文必须在下次习作前批改结束，作文批改要有总批和眉批，批语要有针对性、指导性，字迹要工整。⑤重视作业的讲评，对学生作业中出现的主要问题，要及时讲评和纠正。对好的作业要予以表扬，同时督促学生订正错误，对无力订正的学生应进行面批。

七、抓好早读时间。"一年之计在于春，一天之计在于晨。"抓好早读这个黄金时间，是提高教学质量的一个方面，特别是春季学期，我们要加大对学生早读的力度，安排好8：30上课之前教师必须提前半小时组织学生早读。俗语说："书读百遍，其义自见。"这很有道理。

八、重视培养学生良好的学习习惯。要提高教学质量，就要重视培养学生良好的学习习惯。俗语说："习惯成自然。"良好的学习习惯，能使学生从内心出发，不走弯路而达到目标；不良的学习习惯，会给学生的成功增加困难。在落实高效课堂教育的今天，学生养成良好的学习习惯，必须从细节开始，比如说：坐的姿势、读书的姿势、回答问题的声音要响亮等。教师必须注意从一点一滴抓起，经过重复或练习形成自动的行为动作，要不断强化，持之以恒地渗透。有了良好的学习习惯，学生就会学会学习，懂得怎样合理去安排自己的学习生活。

九、写好教学反思。任何教师在教学活动中都有成功的经验，也都有失败的教训。无论是经验还是教训，对教育工作者来说都是需要积累的财富。上完一课后，及时分析，总结这节课的成败得失，并简明扼要地写在教案的后面，就是写教学反思。写教学反思，是教学过程中一个重要环节，也是教案有机整体的一个重要组成部分。写教学反思，是帮助教师及时调整教学方法，改进教学措施的重要依据，是积累教学经验的具体素材，是提高教学质量的有效法宝。我认为教学反思可以这样写：①记录经验。上完每一节课后，都应对自己的课作出分析，肯定自己在本节课中的成功经验，这些成功经验是自己的第一手材料和切身感受，所以不仅容易总结，还可信实用。②记录不足。而在教学过程中，有很多意想不到的偶然，难免出现失误。"失败是成功之母"，教师及时记录下来，可避免以后教学出现同样问题，有利于自己教学日趋成熟和完善，有利于教学质量的提高。③记录灵感。每位教师在上课时，都会在特定的教学环境产生奇妙的灵感，这一灵感稍纵即逝，若不及时记录下来，时间稍长就会遗忘。④记录"启发"。一节课上了一段时间甚至很长时间后，教师在阅读相关教育教学书或教学案例时，往往受到启发，产生新的想法，也应及时记录下来。

十、加强家校合作。我们作为教师，应该明确在教好学生的同时，要学会去转变家长的观念，主动与家长联系，让家长们明确知识的重要性，充分调动家长的积极性，耐心做孩子思想工作，共同帮助学生，引导学生学会生活，学会做人，培养学生积极乐观的人生态度和强烈的社会责任，努力提高教育教学质量。

提高教学质量的方法还应该有许多，教师们才是行家能手。我们都应根据自己所长，各显神通，把我们的教学质量抓好。

四、德育管理

（一）常规德育管理

1.开展主题教育活动，提高学生素养

学校以各种节日为契机，积极开展各种内容鲜活、形式新颖、丰富多彩的主题教育活动。从"校内"到"校外"，从"养成"到"实践"，形式多样的活动丰富了学生的视野，极大地提高了学校德育教育成效。例如，来自新动态英语的英籍教师Luke、美籍教师Olive以"母亲节"为话题，让孩子们知晓"母亲节"的来历，体会了父母的辛苦、伟大与无私，感悟到亲情的重要。

2.加强校园文化建设，营造育人环境

学校文化氛围浓郁，文化石述说着启迪智慧、润泽心灵的动人故事。教学楼走廊文化、班级文化、教室文化、黑板报、图书室、班级图书角等文化教育阵地为德育添彩增辉。学校还通过创建新优质学校，明确办学理念、办学目标、校风、校训、教风、学风，形成办学特色，提升学校文化品位，树立学校崭新的形象。

3.狠抓德育常规工作，促进规范管理

学校从抓好行为规范教育入手，高度重视学生良好习惯的养成教育。每周一下午最后一节课按时召开主题班队会，班队会主要围绕礼仪教育（课堂礼仪、集会礼仪、用餐礼仪、课间礼仪等）、安全教育、感恩教育、读书活动以及传统节日教育等主题，突出效果，真正使学生通过班队会受到教育。

4.加大德育团队建设，增强德育实效

学校成立了以校长为组长的未成年人思想道德建设工作领导小组，构建了学校党支部—德育处—团委、少先队—班级的德育管理网络，明确德育管理的各项具体任务要求，形成了校行政办公会部署，德育处分管，团委、少先队大队部和班主任具体落实，学生干部参与管理，校长总负责，教职工人

人参与的德育工作体系。

教师是德育工作的组织者、实施者和示范者。学校组织全体教师学习《教育法》《教师法》《未成年人保护法》《预防未成年人犯罪法》等法规，严格贯彻落实《江淮学校德育管理规定》，经常开展内容丰富的德育培训活动。

班主任队伍是学生精神家园里的守护者，直接关系到学生的健康成长和学校的办学效果。学校重视班主任队伍建设，通过开展班主任工作经验交流、主题沙龙、邀请德育名师讲课等，不断增强班主任培训的实效性。

家庭是孩子道德品质形成的重要场所，学校将家长视为重要的德育力量，加强家校联系，形成教育合力，不断拓宽德育空间。

5.参照班级管理规定，落实常规教育

附：

合肥市江淮学校班级管理规定

1.教室环境（如中队角、图书角、卫生角等）的区域划分合理、明了，布置规范、美观、有特色。

2.认真做好一日常规管理工作，广播操、大课间活动、路队等，班主任及时到岗。

3.教室美观，环境卫生区清洁，日常保洁和大扫除及时、彻底。

4.加强学生安全教育，不在楼梯及走廊上奔跑，防止踩踏等人身伤害事件的发生，避免班级发生重大安全事故。

5.认真做好公物保管工作。

①教室桌椅保护完好无缺，不人为损坏桌凳（包含不准乱涂乱画乱刻）。

②教室门窗保护完好无缺，不人为损坏门（包含门板、门锁）、窗（包含玻璃、风扣、窗框）。

③教室墙壁清洁，无损坏、乱涂刻现象。

④教室内音响、电扇、白板、电脑等设施设备保护完好。

⑤教室内其他财产，如班牌、黑板、标语牌、劳动工具等保护完好。

6.认真做好家校交流工作。

①每学期有计划地对学生进行家访并有详细记录。

②定期与家长交流（当面交流、电话交流、书面交流等形式），接待家长热情、礼貌，取得家长的支持，促进学生进步。

③积极组织学生和家长参加学校安排的各项活动。

7.做好班级建设资料管理，有班级建设目标，认真填写学生学籍档案、班主任工作手册以及学校要求上交的其他资料。

8.及时撰写班级工作计划、工作总结、工作论文（案例），并按时交至德育处归档。

9.开好每期的主题班会，并且及时在班主任工作手册上详细记录。

10.积极参加学校组织的各种活动，如黑板报、手抄报、书画、演讲、朗诵比赛，征文评选，体育竞赛，文艺演出、观摩培训、会议交流等。

（4）学校优秀班主任（中队辅导员）优秀班级（中队）考核细则。

6.优秀班主任和班级，考核细则制定

附：

合肥市江淮学校优秀班主任（中队辅导员）、优秀班级（中队）考核细则

为进一步提高学校教育教学管理水平，全面提升教育教学质量，切实发挥班主任在学校教育教学工作中的组织、教育、指导作用，充分调动班主任工作的积极性、主动性、创造性，促进班级管理工作的制度化、规范化，特制定本细则。

一、考核办法

1.考核分为"班主任常规工作考核"和"班级工作成绩考核"两部分。

2.优秀班级（中队）考核得分＝班主任常规工作考核积分＋班级工作成绩考核积分。

3.优秀班主任（中队辅导员）考核得分＝班主任常规工作考核积分＋班级工作成绩考核积分（学生各级各类竞赛获奖得分只记班主任（中队辅导员）辅导的项目）。

二、班主任常规工作考核内容

1.能及时制订学期班、队工作计划，按时上交得5分，不按时上交不得分。（上交时间为开学后两周内。）

2.班主任手册填写细致并齐全，按时上交得5分，不按时交不得分。（上交时间为放假前一周内。）

3.能认真组织好每周一次的班队活动课，每学期不得少于8次，班队活动课时间不得少于40分钟，要求班队活动课有主题、有内容、有记录。满分8分，少一次扣2分。（以班队活动记录为依据。）

4.经常和学生家长取得联系，每学期对至少15%的学生家庭作一次家访、与35%学生家长电话联系一次，每家访一次得1分，电话联系一次得0.2分，缺一次家访扣2分，缺一次电话联系扣0.4分。每学期最多加分不超过20分。（以上交的家访登记表为依据。）

5.学校安排的各种集会，有教师全程带队，做到纪律严明、秩序井然。每次活动由组织部门负责组织评比打分，评比等级分值附后。

6.能认真做好对班干部的选拔、培养和指导工作，经常了解班风、学风情况。每月至少能组织1次班级学生干部会议，每学期不得少于3次，要求有会议记录，每组织一次得1分，少一次扣1分。（以班队干部会议记录与班级日志为依据。）

7.能积极组织学生参加各项活动（如征文、演讲、队会班队活动等），代表学校外出参加活动的，每位学生加0.2分；缺席活动一次扣5分。（学期结束由学校负责统计。）

8.能按时参加学校组织召开的班主任会议，无故缺席一次扣2分。（以学校常规检查和会议记录为依据。)

9.学期结束前，能及时撰写班队工作总结，按时上交得5分，不按时上交不得分。

10.能积极撰写有关教育管理方面的论文，在区级以上刊物发表或评比中获奖，区级每篇得3分，市级每篇得5分，省级每篇得8分，国家级每篇得10分。(同一篇文章获奖，以最高奖记分，不重复累计。)

11.能全面、科学、规范管理班级，无不良事件发生的，得5分。否则扣5分，造成重大损失或产生较大影响，扣10分。

12.学生好人好事受到社会及相关组织表彰，有一次得5分。

三、班级工作成绩考核内容（评比组别分配附后）

1.教室布置：

教室的环境布置情况，要求做到教室布置个性化，激励用语合理化，文具摆放条理化，洁具放置隐蔽化，教室周围清洁化。(以学校评比结果为依据。)评比等级分值见表2-1。

2.黑板报：

每月出一期黑板报。由学校组织评比一次。(以学校评比结果为依据。)评比等级分值见表2-2。

3.积极参加学校组织学生的竞赛，获奖得分见表2-3。

4.班级公共财物保持完好，得5分。(以总务处提供依据。)

表2-1 等级与分值对应表

等级	好	中	差
分值	2分	0分	-2分

表2-2 比赛组别、年级、获奖名次、获奖分值对应表

组别		班级数	获奖数	分值	备注
丙组	1~2年级	6	取前3	5/3/2	
乙组	3~4年级	7	取前4	5/3/2/1	
甲组	5~6年级	4	取前2	5/3	

表2-3 获奖级别、获奖名次与分值对应表

级别	一等奖	二等奖	三等奖
国家级	10	9	8
省级	8	7	6
市级	6	5	4
区级	4	3	2
校级	2	1	0.5

注：①其他荣誉等同于同等级别的三等奖；②同一活动多人次获奖，按最高奖项计一人分，其余按获奖等级的30%计分累计；③集体奖参照个人奖得分，平均分配给参加的学生。

7.班主任培训会交流会，搭建成长平台

学校定期举办班主任培训会，定期邀请名师专家传经送宝。例如，邀请安徽省家教名师、西园小学杨韧老师做培训。杨老师向在座的各位班主任展示了她的教育理念：改变视角，发现每个孩子都有完美的地方；呵护那一点点光，转化后进生；改变学生观，注重把孩子培养成什么样的人，而非仅盯成绩；改变习惯，多读书，与时俱进，随着时代的不同，学生的不同，调整管理班级的策略。

学校定期举行班主任工作经验交流会，也会邀请区域内一些名师名班主任做经验介绍。例如，2016年11月12日学校邀请安居苑小学的黄莹老师和五十中东校杨波老师做讲座。黄老师从学生的行为习惯养成、班级活动、家校联合方面详细介绍了在班主任工作方面心得体会。杨老师主要从九年级角度介绍如何使学生缓解中考压力、如何应对中考、如何与学生家长沟通的做法。

8.班主任寄语励志，学生展望未来

一（1）班班主任寄语：扬起生命之风帆，以涛声为伴奏，扯缆绳作琴弦，吹响理想之号角，奏一曲超越时空的乐声。

一（2）班班主任寄语：其实成功的大门是虚掩的，只要我们勇敢地叩开，大胆地走进去，呈现在我们面前的是崭新的天地。

一（3）班班主任寄语：生活靠自力，学习靠自己。不怕困难多，只要决心大。

二（1）班班主任寄语：不要忽视小事，平凡成就大事业。

二（2）班班主任寄语：新的学期预示着新的希望！在即将开始的新学期里，我们每一位老师都怀着殷切的希望，期盼你们能够健康、快乐地成

长！在新的一学年里变得更懂事、更可爱！

二（3）班班主任寄语：书山有路勤为径，学海无涯苦作舟。让我们珍惜每一天，用生命中最浓的激情，迎接灿烂的朝阳，开启我们美丽的人生。

三（1）班班主任寄语：新的学期，新的希望，新的起点，在这充满希望的季节里，你们带着一张张笑脸回到我们可爱的家，愿我们在这个温暖的大家庭里互助，努力进取，在学习上收获更多成功的喜悦。

三（2）班班主任寄语：愿望是进取的起点，习惯是成功的基础，努力是成才的阶梯，行动塑造最优秀的自己！

三（3）班班主任寄语：星空为什么这么灿烂，不是因为一颗星星耀眼，而是无数颗平凡的小星星，成就了璀璨的天空。

四（1）班班主任寄语：读健康有益之书，做奋发向上之人。

四（2）班班主任寄语：有爱心、有决心、有信心、有恒心、有耐心，愿这"五心"永远伴你左右。

四（3）班班主任寄语：以全身心的努力去拼搏，以最顽强的信心去争取，以最平常的心去对待。

五（1）班班主任寄语：学习犹如马拉松长跑比赛，咬紧牙关，坚持下去，就一定能到达成功的终点。

五（2）班班主任寄语：心有多大，天地就有多大；梦想有多远，路就能走多远！

五（3）班班主任寄语：从小事做起，从一点一滴做起。

六（1）班班主任寄语：书山路漫漫，以勤奋为首；学海苦茫茫，须刻苦当先。愿你们时时用功，步步踏实，迈好人生的每一步。

六（2）班班主任寄语：今天，你们是蜜蜂，在知识的花园中辛勤采集，明天，你们就会奉献出甜美的醇浆；今天，你们是幼苗，汲取雨露和阳光，明天，你们就是建设祖国的栋梁。你们是未来，是希望。

七（1）班班主任寄语：同学们，中学时代是人生最美好的一段时光，如蓓蕾初放，又像旭日东升，充满希望和向往。

七（2）班班主任寄语：合抱之木，生于毫末；九层之台，起于累土；千里之行，始于足下。

八（1）班班主任寄语：别祈望不劳而获。成功不会自动降临，成功来自积极的努力，要分解目标，循序渐进，坚持到底。

八（2）班班主任寄语：用汗水织就实力，用毅力成就梦想，用拼搏铸就辉煌。

九（1）班班主任寄语：三年苦读磨一剑，气定神闲战犹酣。势如破竹捣黄龙，千帆竞发齐凯旋。

9.学校升旗仪式，彰显办学风格

升旗—介绍护旗手—国旗下讲话—颁奖—旗训。

附：

合肥市江淮学校升旗仪式活动串词

男：合肥江淮学校升旗仪式现在开始，全体立正！

女：出旗！

男：本周值日的是五（2）中队。这是一个积极向上，团结友爱的集体。担任本次升旗活动护旗手的是陈晴朗、高隽、崔文轩、黄娅星四位同学。

护旗手陈晴朗同学，是一个积极向上的阳光男孩。一直梦想能成为一名光荣的升旗手，相信他会珍惜护旗手这一荣誉，做一个全面发展的好学生。

护旗手高隽同学，活泼大方，自信能干。工作中，她热情主动，为班级尽心尽力，她是老师眼中的好学生，同学们心中的好榜样。

护旗手崔文轩同学，他学习自觉认真，成绩优异，能够严格要求自己，在各方面都能以身作则。

护旗手黄娅星同学，性格文静，爱好学习，求知欲强。上学期刚转入学校，希望在新的校园、新的班级能够成为老师的好帮手，与同学们共同进步！希望他们能做好本周的值日工作！

女：升国旗、奏唱国歌，向国旗敬礼！

男：下面请王骆子航同学做国旗下讲话，大家欢迎！（讲话内容略。）

女：下面宣布上周流动红旗获得的班级，甲组：六（1）班、五（1）班、六（2）班，乙组：三（1）班、四（1）班、四（3）班、五（2）班，丙组：一（1）班、一（3）班、二（3）班，请以上获得流动红旗的班级到主席台前领取，请校领导为他们颁奖。

附：

合肥市江淮学校旗训

师：同学们，当我们唱起雄壮的国歌时，心想——

生：继承革命先烈的遗志！

师：当我们看到鲜艳的五星红旗冉冉升起时，又想到——

生：我们是中国人，我们热爱自己的祖国！

师：为了祖国我们要做到——

生：好好学习、天天向上、锻炼身体、建设祖国！

师：为了祖国美好的明天——

生：时刻准备着！

附：国旗下讲话

安全在我心中

尊敬的老师，亲爱的同学们：

大家上午好！

我是来自二（3）班的梁乙一，今天我国旗下讲话的题目是"安全在我心中"。"平安是福"！安全是幸福，是稳定，是祥和。安全是关怀，是爱护，是喜悦。对于每个人来说，生命都只有一次，注意安全，就是善待和珍惜生命。

然而在我们的身边，有很多同学的行为都存在着安全隐患。例如：有的同学课间在楼道里追赶、打闹，做一些危险的游戏；有的同学上下楼梯时，你推我挤，甚至把楼梯扶手当做滑滑梯；有的同学随意地把脑袋探出窗口，或者向窗外扔东西；有的同学喜欢攀爬栏杆、树木、假山石；还有的同学放学后没有按时回家，在校园、街头逗留闲逛。同学们，其实，多给自己留一个心眼，就能给自己的生命加一道"安全锁"，在这里，我向各位同学提出几点建议：

1.课间不追逐、不打闹，上下楼梯注意安全不拥挤，不从楼梯的扶手上下滑，行至拐弯处，要放慢脚步，预防相撞。

2.不要随意玩弄安装在教室里的电源插座。

3.上学、放学遵守交通规则，注意交通安全。不在马路上追逐打闹。

4.不吃路边摊点上的不卫生食品，有病要及时到医院就诊。

5.课间要做文明游戏，避免不必要的冲突。

6.栏杆、窗台、雕像等危险地方切勿攀爬。

7.夏天到了，同学们千万不能到野外或者池塘河沟里去游泳，游泳一定要在家长的陪同下到正规的游泳馆。

同学们，安全重如泰山，安全工作人人有责，让我们共同努力，去撑起一片安全的天空，共建我们和谐美好的校园吧!谢谢大家!

谈谈法制教育

老师们、同学们:

大家早上好! 我是来自八 (2) 班的夏梦涵。

我今天国旗下讲话的题目是: 谈谈法制教育。

提起法律，总是给人以神秘、威严、崇高的感觉。其实，法律与道德、习惯、宗教、纪律一样，都在规范着人们的行为。正是由于这些规范的存在，这个社会才变得有序;正是由于法律的存在，才使我们的权利得到应有的保障。

作为当代的中学生，大家有幸亲眼目睹了改革开放以来中国法制进程的突飞猛进，300 多部法律相继出台，"依法治国"被写进宪法。然而，我们更应该思考的是: 在我们的成长道路上如何与法同行? 有人可能会说，我们还是青少年，只要不违法犯罪，法律约束不到我们，只要遵守校纪就行。其实，法律离我们很近，渗透在我们生活的方方面面。大家想一想，如果法律作用甚微，为什么公元前18世纪古巴伦王国国王汉穆拉比因他的石柱法——即众所周知的汉穆拉比法典而流芳百世? 如果法律只是一纸空文，为什么拿破仑会说"我真正的光荣并非打了四十次胜仗，一次滑铁卢之战就抹去了关于这一切的记忆。但是有一样东西是不会被人忘却的——那就是我的《民法典》"? 历史不会说谎。法律，无疑是国泰民安的先决条件。它的重要性更是毋庸置疑的。

在学校里，我们应该怎么做呢? 我们可以从认真听课做起，从保证预备铃响即进入教室安静下来等老师做起，从在走廊上、楼梯上轻声慢步做起，久而久之，从被动地受约束到主动地养成遵纪的习惯。

法律在我们的一生中是维护自己权利的武器，同时是规范自己行为的社会准则。同学们，从今天起，从这一刻，踏上与法同行的道路吧!

践行社会主义核心价值观

老师们、同学们：

大家中午好！

我是五（1）班的郁叶，今天我要跟大家一起学习的是"积极践行社会主义核心价值观，做一个文明向上的小学生"。

党的十八大报告用24个字分三个层次精辟地概括了社会主义核心价值观的内涵。即：

从国家层面看，是富强、民主、文明、和谐；

从社会层面看，是自由、平等、公正、法治；

从公民个人层面看，是爱国、敬业、诚信、友善。

社会主义核心价值观是中国特色社会主义的主流意识形态，是公民思想道德建设的核心，也是我们青少年正确的价值取向。做文明之人，是我们大家共同的心愿，是我们每个人一生的追求！那就让我们从现在做起、从身边的小事做起，让我们的一言一行都传递出文明向上的正能量，让我们的校园，让我们生活的城市，让我们的国家，处处都沐浴在文明、礼貌、诚信、友善的春风里。最后，请同学们跟我一起读：富强、民主、文明、和谐，自由、平等、公正、法治，爱国、敬业、诚信、友善。

谢谢大家！

缅怀先烈，传承美德

尊敬的各位老师、亲爱的同学们：

大家早上好！我是三（1）班的柯钰晨。

今天，我国旗下演讲的主题是"缅怀先烈，传承美德"。

清明节对于千家万户来说是祭奠先辈、回忆先人的日子，而对国家对我们广大学生来说更是我们缅怀革命先烈、学习革命精神、继承烈士遗志的重要日子。

当我们站在操场上仰望五星红旗冉冉升起,你可曾想起这面红旗来之不易,她可是烈士的鲜血染成的;当我们高唱庄严的国歌时,你可曾记起先烈们发出的最后吼声:"不愿做奴隶的人们,把我们的血肉筑成新的长城。"

曾有这样一群人,为了祖国的利益,为了民族的自由解放,在战场上抛头颅,洒热血,以血肉之躯筑起"新长城"。他们英勇奔赴战场,把生死置之度外,与侵略者抗争到底。为了换得子孙后代和平幸福的生活,甚至不惜以生命为代价,与敌人同归于尽。在历史的长河中,留下他们浓浓的爱国情怀和赤诚的爱国之心,他们以生命写下了可歌可泣的壮丽诗篇,令我们永远无法忘怀。如今他们已长眠地下,但他们无私奉献的精神,继续激励着一代代人。

我们是幸运的一代,我们是幸福的一代。我们要珍惜这来之不易的幸福生活,继承革命先烈的美德,做一个热爱祖国、热爱学习、热爱劳动、积极向上的好少年。让我们以实际行动呼唤祖国美好的明天,用我们的热情、用我们的才智,让中华民族的伟业在我们的拼搏中延伸,让国旗更鲜艳,让红星更闪亮!我的演讲完毕,谢谢大家!

如何预防感冒

老师们、同学们:

大家早上好!今天我国旗下讲话的内容是"如何预防感冒"。

天气渐渐冷了,这种天气同学们要特别注意及时增加衣服。有的同学在下课的时候满头大汗跑来跑去,一热呢,就把外套脱掉。你知道吗,身体在出汗,全身的汗毛孔会扩张,脱掉衣服,让冷风一吹,汗毛孔遇冷会马上收缩。汗液也就停止往外排泄。身体素质不好的学生这样一折腾,离感冒就不远了。

那么在这样一个容易感冒的季节里,我们应该如何预防它呢?比如早上到教室里,先把教室南北两边的窗户打开,空气对流,让教室里的空气保持新鲜；还要保证饮食营养的均衡全面，养成良好的饮食习惯，不挑食、不偏食，有助于增强体魄。也可以适当补充一些维生素，多吃些水果。培养生活好习惯，勤洗手、勤洗澡，用冷水洗脸，这可增强鼻黏膜对空气的适应能力，有效预防感冒。另外，充足的睡眠有助于提高免疫机能，是身体最基本和最重要的保健条件。还有就是要增加体育锻炼，强健的身体就是抗病的基础，是"革命的本钱"。

那万一我们已经感冒了，要注意些什么呢？同学们都知道感冒的症状就是发热、打喷嚏、流鼻涕、咳嗽、鼻塞等。大家要特别注意打喷嚏的时候一定不要对着别人。一个喷嚏，通常能喷出大量的病菌。应该用手轻轻捂住口鼻，防止把感冒传染给他人。擤鼻涕的时候我们要注意：一般人习惯用餐巾纸捏着双鼻孔擤鼻涕，这样会造成鼻涕倒流进鼻窦，使细菌感染鼻窦，患上鼻窦炎。正确的方法是：分别堵住一侧鼻孔，一个一个地把鼻涕擤干净。擤好鼻涕的餐巾纸不能随便乱丢，乱丢一是破坏校园的环境卫生，二是餐巾纸里面包有大量的病菌，不卫生，容易传播疾病。

同学们，身体是知识的载体，只有健康的体魄，以及良好的心理品质，才能更好地学习和工作，才能应付各种困难和挑战。所以，希望同学们都能有一个健康的身体，有更多的精力投入学习中。

谢谢大家！

我胸前的红领巾

敬爱的老师们、亲爱的同学们：

大家上午好！

我是五（3）中队的王丽，每逢周一，当五星红旗在清晨中冉冉升起，我们穿上整洁的校服，胸前佩戴着鲜艳的红领巾，庄严地注目五星红旗，那份骄傲和自豪便油然而生。

同学们，红领巾是国旗的一角。象征着革命的胜利。少先队队礼是：右手五指并拢，高举过头，表示人民的利益高于一切。

红领巾，承载着老一辈革命家对我们的嘱托，寄托了家长和老师对我们的期望。我们应该低头想一想：我们为什么要每天上学时佩戴红领巾？佩戴领巾决不只是一种形式，这个行为应是一种发自内心自觉的行为。我们要像爱惜生命一样，爱惜胸前的红领巾，用自己美好的行为来为它增光添彩。戴着它，站在国旗下，高唱国歌，才可以表示对国家的尊重。热爱祖国，从佩戴好红领巾开始。让我们携手一起用炽热的血色情怀，爱国的庄严之心扬起这红色的旗帜。

同学们，让我们爱惜胸前的红领巾，保持鲜艳整洁；让我们从点滴做起，用实际行动为红领巾增添光彩。

我和书籍交朋友

尊敬的老师、亲爱的同学们：

我今天国旗下讲话的主题是"我和书籍交朋友"。我爱读书，读书是我最大的爱好，我读的书各式各样，包括儿童读物、文学作品、自然科学、历史、地理等。通过阅读我知道了世界有多大，知道地球上生活了几十亿的人，知道各民族不同的生活习俗，也知道世界人民正在通过各种努力，不断地创造历史，书写更加辉煌的人类文明。

阅读对人成长的影响是巨大的，一本好书能改变一个人的人生。而一个民族的精神境界和全民素质也在很大程度上取决于全民族的阅读水平。书是人类进步的阶梯。好的阅读习惯和正确的阅读方式是人修身养性不可缺少的。

中华民族拥有几千年的历史，读书的传统早已沉淀在民族的血液之中。历史长河中演绎了一个又一个苦读、爱读的传奇故事，如悬梁刺股、凿壁偷光、萤火映雪等。身处知识大爆炸、知识大融合时代的我们，阅读更是极其重要的。同学们，我们赶快阅读吧，让我们投身于浩瀚的书海中去提升自己，强大自己。

"书山有路勤为径，学海无涯苦作舟。"让我们读万卷书，行万里路，谢谢大家！

为中考实验加油

王：敬爱的老师，

宋：亲爱的同学们：

合：大家早上好！

王：我是来自四（2）班的王骆子航，

宋：我是来自四（2）班的宋欣萍，

王：今天我们讲话的题目是：

合："为中考实验加油"。

宋：时光流逝，

王：光阴荏苒，

宋：明天，九年级的哥哥姐姐们即将迎来人生的第一个转折点——

合：实验操作考试。

王：胜利的号角已经吹响，此时不搏何时搏？

宋：加油啊，为青春纪念册留下美丽的一笔！

合：我们祝福你们，为你们加油，为你们起航！

王："宝剑锋从磨砺出，梅花香自苦寒来。"

宋：相信你们自己的力量！

王：发挥出应有的水平！

宋：因为在你们身边有帮助你们渡过茫茫学海的辛勤的老师，他们以学生成才为己任，对你们的点滴进步和成功，都倾注了满腔的热忱；

王：因为在你们的身边有可亲可敬的父母，是他们用汗水与心血成就着你们的未来；

宋：因为在你们身边有无数的支持者，他们永远是你们坚强的后盾。

王：九年级的哥哥姐姐们，等着你们凯旋的好消息！

合：江淮，加油！

合：谢谢大家！

我的中国梦

同学们，你们知道吗，2012年11月29日，习近平总书记在参观大型展览《复兴之路》时，阐述了他对于"中国梦"的理解。他说："现在，大家都在讨论中国梦，我以为，实现中华民族伟大复兴，就是中华民族近代以来最伟大的梦想。"

同学们，有一种东西，它承载着人们的希望，它看不见、摸不着，却能在心中产生一股巨大的力量，它叫做梦想。虽然我们没有翅膀，但我们有会飞的心和能够梦想的大脑，我们有一双"隐形的翅膀"。

同学们，在我们人生的各个阶段，会有很多不同的梦想。梦想着赶快长大，赶快去接触新的东西。梦想像袁隆平爷爷一样，为国争光；像李连杰叔叔一样，传播中国文化；像马云叔叔一样，取得那么伟大的成就；像试飞英雄李中华一样，为人民奉献……

但是梦想需要脚踏实地，一步一个脚印，直到成功。有句话说"少年智则国智，少年强则国强"，的确如此！我们承载着祖国的未来，所以从现在起，我们必须至少有一个梦想，并且要为梦想的实现而奋斗！怎样实现梦想呢？有人给过我们一个很好的答案："实现梦想是因为你失败不放弃！"当然，还要用智慧、有耐心，还需要同伴的帮助与支持。

同学们，相信持之以恒，不断努力，我们定会实现属于自己的梦想、我们的梦想、中国的梦想！谢谢大家！

（二）特色德育管理

学校德育工作贯穿于学校教育教学的全过程和学生日常生活的各个方面，对学生全面发展起着主导作用。近年来，学校确立"全面规划，整体推进，突出重点，讲求实效"的德育工作思路，以特色活动为抓手，开拓创新，不断提高德育管理的实效性，取得了良好的效果。现概述部分活动如下：

1.学校举行校园文化艺术节展演活动

经过前期近三个月的素材提炼和排演准备，以"创建新优质 圆梦大江淮"为主题的校园文化艺术节展演活动隆重举行，全校19个班级，共呈现出15个精品节目，它们由班级和学校各社团选送，有街舞、啦啦操、小品、民族舞、合唱等多种表演形式。激情洋溢的演出给观众奉献了一场盛大的视觉艺术盛宴，给学生提供了施展才华、张扬个性的舞台，培养了团队精神，增强了集体荣誉感。

2.学校社团荣获区社团评比特等奖

"空间创客"社团成立于2015年，主要由航模、无线电测向和乐高机器人三个项目组成，它是江淮学校众多学生社团中的一个代表，社团充分利用江仪厂得天独厚的条件而成立。本着"开展科技体育活动，丰富校园生活"的理念，与江航公司联合开展航天科普宣传活动，与安农大、炮院及周边兄弟学校定期做"无线电测向"运动技术交流，带领学生观看航模展演等。在刚刚结束的蜀山区中小学生优秀社团评比中，江淮学校"空间创客"社团荣获区社团评比特等奖。

3.学校开展少先队主题大队会活动

为庆祝中国少年先锋队建队67周年，增强广大少先队员组织意识，明确成长目标，继承优良传统，学校开展"红领巾相约中国梦 听党的话 做好少年"主题大队会活动。蜀山区教育体育局副局长朱丽萍专程来到学校与全体队员共庆节日。在当天的大会过程中，举行了简单而又庄严的党旗、团旗、队旗的传递活动，通过新老党员、新老团员、新老队员的旗帜传递，表达了传承优秀传统，听党的话，向党看齐，做合格党团队员的决心。三面巨大的旗帜还在全校学生中传递，更是充分体现了党的领导核心，让同学们感受到党团队的传承精神。

4.学校组织秋游，秋景和快乐同行

学校组织一、二年级学生在巢湖昆虫王国开展秋游活动。孩子们先后观赏了"萤火虫馆""花虫馆""多情馆""寻芳馆""螽斯馆""蠹暖馆"，最后在"小猪五项全能运动会"现场集合，一场别开生面的运动会着实让大家大开眼界。学生在充分享受着大自然带来的轻松与惬意的同时，开阔了眼界，增长了见识。

5.学校开展经典诵读比赛

为了让学生更好地诵读国学经典诗文，弘扬祖国优秀的传统文化，领悟古今诗歌的风采和魅力，享受阅读带来的快乐，度过一个快乐而又有意义的"六一"儿童节，学校举行了"创建新优质　圆梦大江淮"经典诵读比赛。首先，校领导宣读获得美德家长和市、区表彰的同学名单并颁奖。然后，全校师生及部分学生家长近千人共同观看了精彩的经典诵读比赛。学生在亲近经典、阅读经典、热爱经典中，提高了自身传统文化素养，思想道德也得到洗礼，增强民族自信心和自豪感，领略中华民族传统文化的博大与精深。

6.学校荣获市第三届少先队"鼓管乐队"展演特等奖

学校在新课程改革背景下，贯彻以生为本的教学理念，全面推动素质教育，打造校园文化精品，创建学生活动品牌，组建了安徽省首支中小学生行进打击乐团。学校特邀海军军乐团专家量身制定作品——《我爱祖国的蓝天》组曲，特邀武警军乐团专家担任乐团艺术总监。经过刻苦训练，在市中小学第三届少先队员"鼓管乐队"展演中，作为区唯一参赛队伍，一鸣惊人，获得评委一致好评，以优异的成绩荣获特等奖，市长凌云亲自颁发获奖证书。

7.学校参加社区"小帮客"公益行活动

学校组织学生参加社区"小帮客"公益行活动。在大队辅导员吕芳老师和班主任张媛老师的带领下，四（2）班的同学们，来到了领势公馆小区，拿着公益宣传单，认真地发放给当地居民，并且耐心地告诉他们传单上面的内容。学校坚持把志愿者服务做好，让更多的学生参与和体验公益事业，锻炼他们的实践能力，培养优秀品德，养成良好的行为习惯，树立他们正确的人生观和价值观，为社会培养出有用的人才。

8.学校组织学生开展"网上祭英烈"活动

随着一年一度的清明节到来，为了倡导文明，充分发挥绿色网络教育平台的作用，帮助学生了解革命历史，接受革命传统教育，引导学生培养热爱党、热爱祖国、珍惜幸福生活的深厚感情，学校组织开展"网上祭英烈，特别清明节"纪念活动。学校利用微机课、校园网等媒介指导学生登录国内烈士陵园网站，网上浏览英烈们的事迹资料，以网上"献花"、留言、写怀念文章等方式开展缅怀活动，寄托对牺牲英烈的哀思，抒发对英烈的怀念和崇敬之情。许多家长被孩子的行动所感染，纷纷加入网上祭祀活动中来。

9.书籍点亮人生，书香洋溢校园——"淘书乐"

为了让学生体验商品交易的乐趣，培养学生勤俭节约的传统美德，自觉养成爱读书、爱护书的好习惯，学校开展了"悦读"系列活动之"淘书乐"，旨在让学生们利用家中闲置书，通过图书交换、买卖的方式，淘到自己喜欢的好书，实现资源共享。现场可以看到"百味书屋""丁当书屋"等17个摊点在操场上依次排开，吆喝声此起彼伏，尽享"淘书"的乐趣。他们淘的是书，换的是成长。

五、教师管理

建设一支高素质的教师队伍是学校的立校之本。学校高度重视师德教育，利用每学期开学工作会、每两周一次的政治学习时间，组织教师认真学习先进的教育理论，引领教师交流心得，砥砺思想，分享智慧，共同营造"扬正气、说正话、做正事"的师德师风；引领教师依据学校发展愿景，结合岗位职责和各自实际情况，捋思路、订目标，制定涵盖职业道德、教育理念、业务素养、科研能力等四方面内容的个人发展规划；通过师德报告会、师德演讲、师德标兵评选、教师节表彰、党员先锋岗等活动的开展，树榜样、立形象，创设"比学赶帮超"的良好氛围。学校以校本培训为抓手，开展多种形式的岗位练兵活动。

（一）师德教育

学校抓住《关于开展2017年蜀山区师德标兵评选表彰工作的通知》的契机，狠抓师德建设，树立师德典型，将最美教师、师德先进个人、美德教师荣誉获得者的事迹广为传播。

附："最美教师"张玮玮事迹

教坛耕耘苦亦乐　平凡育人亦精彩

尊敬的领导、各位亲爱的朋友：

大家好！我是张玮玮，蜀山区江淮学校的一名小学英语教师，今天我演讲的题目是"教坛耕耘苦亦乐　平凡育人亦精彩"。

对于美，不同人有不同的词语来诠释。我时常想，怎样的老师才是最美的呢？作为一名普通教师，我们既没有惊天动地的感人故事，也没有感召世人的豪言壮语，所有的工作概括起来只有两个字——平凡。但平凡绝不意味着平淡，作为一名有着11年党龄的年轻共产党员，从教十多年，凭着一腔热忱，我用执着和汗水谱写了春华秋实的教育篇章，把绚丽的青春时光毫不保留地献给了自己钟爱的教育事业。

孜孜以求，为学生搭建展示自我的平台

从教15年来，无论是在工作了10多年的安居苑小学，还是来到江淮学校这片沃土，我始终认为，英语教育工作是学校"育人、传知"的重要组成部分，我的英语课堂轻松活泼，寓教于乐。在安小任教期间，我所带的每届班级学生学习英语兴趣浓厚，获得学校领导和家长的一致好评和高度认可。2013年，因区内交流我来到了江淮学校。不久，我就发现每到英语课上，江淮学校的孩子们就异常热情和兴奋，他们急于表达和表现自己。

但是，当我点名请他们回答时，他们站起来却又什么也说不出来了。孩子们想说却说不出口的那种焦急的神情让我很受触动。由于学校生源多数是农民工子女，家庭经济条件有限，课下基本没有接触英语的机会，孩子们也没有展示自己的舞台。这些农民工子弟的孩子们同样单纯可爱，他们同样需要英语氛围的熏陶，他们更需要感受英语学习的快乐。我暗下决心，一定要给他们创造展示自己的机会，建立他们的自信，展示他们的才华。2014年12月，经过前期认真的准备，我带领英语组仅有的两名老师开展了江淮学校首届"英语嘉年华"活动：英语书法比赛、课本剧表演大赛、手抄报比赛、圣诞party等。活动中，孩子们将英语贯穿于各种节目中，或唱或跳、或演或说，受邀前来的家长、老师也配合着孩子们尽情展示自己的才华。这一活动为生生之间、师生之间、家校之间更好地学习交流构建了一个良好的平台。如今，一年一度的"英语嘉年华"已经连续举办了四届，涉及的孩子从1年级到9年级全校所有的学生，它已经成了江淮校园文化一道独特秀丽的风景线。

潜心教研，锐意进取彰显党员风采

"斧头虽小，但经过多次劈砍，终能将一棵最坚硬的橡树砍倒。"老师们，我们每个人都有着自己的坚持。而我的坚持，则在于坚持做一个不倦的学习者和自觉的反思者。向书本学、向同事学、向领导学、向同行学……择其优者而习之。也正是因为长期的坚持，我收获了丰硕的成果。作为蜀山区首届"名师巡讲团"的成员，我执教的课例在安徽省"基于信息技术环境下的创新教学"比赛中作为示范课进行了展示；在市、区级教学评比大赛、基本功大赛等教研活动中，我执教的多个课例荣获一等奖。2015年，制作的微课荣获安徽省首届微课大赛一等奖。2016年12月，我代表合肥市学业评价专家组的成员在合肥市学业评价会议上做的专题汇报广受好评。2017年，我又积极参加了全国创新课堂大赛。看到自己努力的结果，作为一名教育人的幸福感总会油然而生，我用自己的实际行动展示了一个年轻共产党员脚踏实地、锐意进取的风采。

创新社团，为校园文化生光添彩

改革创新是民族进步的灵魂，是时代精神的核心，更是推动教育发展的动力源泉。学校的社团活动正是一个能够创新实践的平台，一个能够为同学们提供施展才华的舞台。2015 年，针对江淮学校孩子们课堂外活动匮乏的实际情况，我主动承担了分管学校社团活动的工作，带领一群人，从学校的教师到家长，积极发掘、整合各类教育资源，以"社团"活动为抓手，丰富学生的校园文化生活。在我们的共同努力下，我们先后开设了烘焙、"无人机"、合唱、剪纸、戏曲、泥塑等十几个特色社团，真正让学校的活动"真"起来、"动"起来、"实"起来、"嗨"起来！从 2015 年首发的 5 个社团到现如今的 15 个社团，从一开始不到一百名同学参与到现如今学校 2/3 的学生参与社团活动，我所想的就是如何让更多的孩子们受益于社团活动，多一些，再多一些……每天下午两节课后，是江淮学校孩子们的社团活动时间，小社员们有的踢足球，有的学画画，有的玩黏土，连"如何理财"都是社团活动的一小部分……社团活动，异彩纷呈，为校园生活增添了一抹抹亮色。

耕耘必有收获。在 2016 年全省青少年无线电测向锦标赛中，江淮学校代表队荣获多个省级奖项；"空间创客"社团在蜀山区中小学生优秀社团评比中，荣获区社团评比特等奖……

社团活动极大地丰富了校园文化生活，为学校增添了活力。孩子们也在活动中培养兴趣，开阔视野，锻炼能力，发展特长，为以后的全面发展打下了扎实的基础。

尽一己之责，在平凡中坚守。爱在左，责任在右，走在生命之路的两旁，随时撒种，随时开花，将这一长途点缀得花香弥漫，使穿枝拂叶的行人，踏着荆棘，不觉得痛苦，有泪可流，却觉得幸福。这曾激励过无数的人为这个世界默默无闻、无怨无悔奉献着自己的一生。老师们，相信大家和我一样热爱着自己的职业，因为这份爱，我们对工作、对学生就有了一份责任。

从事教育工作以来，我时时以一个优秀教师的标准要求自己，工作勤勤恳恳、兢兢业业。2016年的12月，因过度劳累，我的胆结石频频发作，夜不能寐。因为不舍得耽误孩子们的学习、影响学校的整体工作安排，我没有听从医生立即手术的建议，没有请过一天假休息，一直坚持到学期末考试结束的第二天，才去医院进行了手术治疗。我想支撑我坚持下去的唯有"责任"二字。

责任是一种能力，但责任比能力更重要，只有尽职尽责才能尽善尽美。是的，干事业需要能力，更需要有责任感。平凡岗位，平凡人生。我们没有令人羡慕的财富和权利，没有显赫一时的名声和荣誉，也没有悠闲自在的舒适和安逸，只有爱岗敬业、真诚奉献的赤诚情怀。作为一名教师，我知足于拥有这份高尚的职业，知足于学生的爱戴和家长的信任，知足于清新而富有生机的校园氛围。凭着对教育事业执着的追求和强烈的责任感，我选择在平凡中坚守！

感谢各位的聆听！谢谢大家！

附："师德先进个人"左岳事迹材料

"我用我心工作着，分分秒秒都认真"

她叫左岳，女，1982年11月生，大学本科毕业，中学一级教师，现任江淮学校中学部九年级英语教师，兼教导处副主任及英语教研组长。自2005年9月工作至今，一直担任初中英语教学工作。2005年9月她走出师范院校，踏上三尺讲台至今已有11个年头。她时常回想刚刚毕业时大学校园里那句刻在石头上的话："教师，太阳底下最光辉的职业。"最初走上讲台她怀着一颗赤子之心，希望自己能够成为一名优秀的教师，11年过去了，她时时刻刻都以一个优秀教师的准则要求自己。教师是人类文明的传播者和建设者，是人类灵魂的工程师，在她孩提时代，就对教师产生一种崇敬之情。怀抱这个理想，2005年她走上了教师岗位，当上了一名光荣的人民教师。面对领导的期望，同志们的热情，学生们的张张笑脸，她无限感慨，这为她教育生涯的良好开端奠定了坚实的基础，增添了勇气和力量，更加坚定了她的信念，她要把全部的心血投入她所热爱的事业之中。作为一名青年教师，她服从领导分配，严格要求自己在规定的时间里完成规定的工作任务，在有限的时间内做有效的事情。她虚心地向富有经验的老教师学习，同时自己也认真钻研，精益求精，因而在业务上迅速成长起来。具体表现如下：

努力学习政治知识，加强思想道德修养

在工作中，她一贯认真学习马列主义、毛泽东思想、邓小平理论以及"三个代表"重要思想，坚决贯彻党的教育路线、方针、政策及决议。她忠诚党的教育事业，有强烈的敬业精神和奉献精神。她严格遵守学校的各项规章制度，做到语言文明，举止端庄，以身作则，并用自己的品德言行来教育影响学生。她在实际工作中，讲敬业，比奉献，服从领导和学校的工作安排，对工作尽职尽责，敢挑重担。在工作和生活中，她本着学校的利益高于个人利益，个人利益服从学校的利益。

认真钻研业务、爱岗敬业

作为一名教师，她不断地刻苦钻研业务，认真研究教材教法，研究新课程标准，注重多方位培养学生的能力和学习习惯，对工作讲求实效，对学生因材施教。为了提高自己的教学水平，她时刻学习着，参加各种培训，积极充电。为了成为一名优秀的教师，她不断向教学经验丰富的老教师学习，与年轻教师反复探究钻研。每次学校英语公开课活动，她都积极参加：课前精心准备，课后认真反思。在一次又一次"实战"中成长。2007年4月，她在六安市初中英语教学比赛中，获得市一等奖的好成绩，得到了听课老师的一致好评。同年5月她代表六安市去安庆参加安徽省第三届初中英语观摩大赛，荣获展示课省一等奖。2007年9月她获得市级多媒体课件三等奖。2008年通过绿色通道考到蜀山区，加入江淮学校大家庭。2009年6月她获得蜀山区教具运用能手比赛二等奖。同年12月她代表小学英语教师参加区首届口语风采大赛，荣获二等奖。2012年青年教师基本功大赛获区二等奖。2013年"聚焦课堂实践，打造有效课堂"教学比赛中荣获二等奖。同年9月她被评为蜀山区优秀教师。2014年她被学校选派参加蜀山区优秀班主任培训。2015年9月她被校领导委以重任，担任九年级负责人，在这一年里她和九年级教师团队兢兢业业，甘于奉献，牺牲自己的休息时间为基础薄弱的毕业生补学补差，2016年江淮学校在她和她的教师团队的努力下取得优异的成绩，平均分比前一年增加了61.65分，省示范高中录取率达到56%，其中一、六、八联合招生录取率占22%。

她对英语学科的热情，深深地影响了学生。鼓励学生参加各种英语竞赛，在课外时间指导学生如何用英语演讲，如何用英语表演故事。指导刘媛标同学曾获安徽省希望之星称号，张瑶婷、王可、徐紫叶等六位同学获蜀山区初中英语背诵大赛一等奖。2016年中考中英语学科均分比前一年增加了25分。

热爱学生，关心学生成长

热爱学生是做好教育教学工作的前提，也是教师职业道德的基本要求。要教育好学生，首先要关心学生、热爱学生，做学生的知心人。11年来，她对学生思想上积极引导，学习上耐心帮助，生活上关怀体贴。她经常利用课余时间与学生亲切交谈，多方面了解每一位同学的生活和学习状况。

她平等地对待每一位同学，无论学习成绩如何，她一样尊重他们人格，无论在任何情况下，从不用刻薄、粗俗的语言打击学生，从不体罚和变相体罚学生。她经常与学生交换意见，耐心细致地做好学生思想工作。

莫洪胜和朱帅两位同学在小学时英语成绩很不理想，当她得知这两个孩子其他学科还不错，并且一直想把英语学好，就经常找他们谈心，指导他们正确的学习方法，在课堂上多鼓励他们，课外多帮助他们，最终在中考时他们英语都获得了良好的成绩，并且都考上了省示范高中。

"捧着一颗心来，不带半根草去。"她始终以陶行知老前辈的至理名言严格要求自己，在工作中她得到了校领导的大力支持和帮助，得到了众多老师对她的言传身教,使她的工作得到了不少长进。在工作中,她坚持每天早来晚走,和学生在一起,亲如朋友,全身心投入教育教学工作中去,将自己的德、识、才、学毫无保留地传授给学生。她深切地感到,有一分耕耘,就会有一分收获。

在多年的教学工作中,她也遇到很多两难的情况,很多时候她在学校和家庭中,她都选择了学校,有很多时候,面对那一双双渴求知识的稚嫩双眼,一种使命感、责任感,驱使她选择了她的学生。有很多时候得不到家人的理解,她都咬紧牙关顶住,当她看到学生的综合素质有所提高时,她感到无比欣慰。

由于江淮学校是薄弱学校,学生大多数英语基础不好,为了促进大家对英语学科产生更大的兴趣,她采取的是鼓励加奖励的办法,在课堂上对学生进行表彰并且累积加星,以此作为促进学生对英语长久学习的动力。奖品在每学期期中颁发,有书虫系列读物、笔记本、学习用品等。这些奖品都是她自掏腰包的,从未向学校要过一分钱。看到孩子们为了得到一颗星星而积极回答问题,努力做对话表演时,她打心眼里感到高兴。

"我用我心工作着,分分秒秒都认真。"她知道教师吃的是一碗良心饭,教师任重而道远。勤教学、苦钻研,不图名利,脚踏实地继续默默无闻地工作。就如澳大利亚沙漠中的一种无名花,无需肥沃的土地,也无需充足的水分,做到吸收比别人少,开出花儿比别人美,奉献出的比别人多。

附:"美德教师"陈秀文事迹

陈秀文,女,大学英语本科,中学高级教师,合肥市中小学外语教学专业委员会理事,合肥市孙秀芝英语名师工作室成员。任教三十年来,她当过英语教学骨干、班主任,英语组教研组长,教研主任,现任合肥市江淮学校教研处主任,工会主席,九年级毕业班教学负责人,参与学校多项课题研究,并担任负责人。2015年,积极参与新优质学校申报材料的撰写、汇报与创建工作,为创建新优质学校做出了不懈努力。

德高为范，做合格的教育工作者

她是一名普通的英语教师，为教师服务的行政人员，在教学岗位上已辛勤耕耘了三十个春秋。作为教师，她忠诚于党的教育事业，热爱本职工作并时时以一名优秀教师的标准严格要求自己。对待自己的教学工作，她勤勤恳恳、兢兢业业，深受学生的喜爱、家长的信任，也赢得了同事、领导的认可。作为一名学校的教研主任，工会负责人，她认真履行个人职责，积极协调好校领导与教师之间的和谐关系，并把学校的教研工作做得有声有色，以教研促教学，为推动学校的教育教学发展付出了辛勤的劳动和智慧。

服从学校安排，多年担任毕业班教学工作

毕业班工作非比寻常，教初三，就意味着要牺牲更多的个人时间和利益；教初三，就意味着肩头多了一份沉重的责任。考虑到学校当时的处境，她曾从2000年开始连续六年带毕业班，从未拒绝学校领导的安排。在每一次又调她带毕业班时，她不因常带毕业班而放松对教学工作的要求。在今年分管的毕业班学年中，开学时，她早早就制定毕业班的教学计划，列举需要帮扶的学生名单，制定帮扶方案，实行分层教学，并且能认真完成每一项工作。初三教师的工作量是相当大的，回家后，常常还要批改试卷、出试题，熬夜是经常的事，但她没有怨言，也没有因班里的学困生多而退缩。她想，既然选择了毕业班、接受了毕业班的教学任务，就一定要做出成绩，让家长满意，学校放心。

组建学校课改小组，推动学校课改进程

江淮学校是一所薄弱学校，为了谋求学校的可持续发展，同时也为了蜀山区整体教育教学水平的均衡发展，江淮学校想方设法，在艰难中求生存。2008年开始，学校尝试进行了课堂教学改革。改革创新的数年里，新课程改革以它磅礴的态势，影响和推动着蜀山区的课改浪潮。作为教研主任的她把学校的课改作为中心任务，她协同校领导班子带领全体教师在实践中不断观摩、实践、反思，认真做好实践、推广和完善工作。她常创造机会让老师们多实践、勤摸索，在真实的课堂上力求创新，走出一条具有江淮特色的课

改之路。她撰写学校课改方案、汇报材料及课改教研活动的新闻稿件，经常召开课改会议，充分保证了课改和老师之间的互动与交流。2012年被评为合肥市课程改革先进个人。她用毅力、汗水和智慧在江淮学校的发展史上写下了光辉的一页。在打造区域课改领域方面，为蜀山教育园地增添了一抹亮丽的色彩。

用赏识教育打造个人特色课堂

只有共鸣的生命，才会有激情和创造。所以在教学中，她坚持把建立平等的师生关系融入日常教学中，力争创建轻松、和谐、平等的课堂气氛，坚定用赏识教育激励学生学习兴趣，从而收到了良好的课堂效果。由于学校的校情与学情，差生面较大，严重影响班内的学习风气。她采取适当引导、耐心教导、慢慢提高、赏识教育的方法，不急于求成，不操之过急，多鼓励，少批评。每次背书或听写她都把成绩记录在册，把名次在前或有进步的上榜公布，张贴上墙。只要他们肯努力，人人有机会，个个有成功。在圣诞节前夕，她还组织开展以英语为主题的小型联欢活动，由几位同学做主持人，内容由他们课下准备，形式多样，丰富多彩，表现优秀的同学当堂有奖。一次小小的联欢，拉近了师生关系，激发了学习英语的兴趣。她善于捕捉学生的"闪光点"，学会"弯下腰来倾听学生的意见"。为了让不同的学生都具有成功感，她在英语组首推了校本作业、分层教学，这一举措引起了合肥市媒体的关注，记者的采访报道在多家网站转载。

用心做事，率先垂范，做好领导助手

认真做事只是合格，用心做事才是优秀。她处处以身作则，率先垂范，用自己的人格魅力带动团队发展。为提高学校知名度，她重视教育宣传，外树形象，内强素质。每年的暑期大练兵活动，她都做到早计划，早安排、早部署，精心设计，让全体老师有充裕的时间做充分的准备。尤其在2015年暑期为期一周的大练兵活动中，她协同新任校长张曙共同精心策划安排了一场高规格、丰富多样、着实有效的系列校本培训活动，并全程主持。内容包

括教体局领导王雪梅局长、周艳组长、廖纯连主任的报告；50中四校德育主任德育工作交流研讨，50中东校和南校校长靳文、孙秀芝两位校长的交流报告等多场教研活动。2016年，学校实行"校聘督学"制，和师徒结对，她积极拟方案、定措施，多方努力，终将这项规模大、辐射多个学科的督学模式，打造成学校教研的一大亮点。

作为一名中层干部，她业务能力精干、事业心强，并有极强的合作与沟通能力。她的敬业和锐意进取精神，在学校中层干部中为创建一个和谐拼搏的团队营造了良好氛围，发挥了引领作用，在教师队伍中起到了榜样与稳定作用。在江淮学校非常时期，为学校的稳定与发展付出了辛勤汗水，也用她的人格魅力带动教师和团队共同进步与发展。

参与多项课题研究，以教研促教学

教育科研是现代教师能力的重要标尺。多年来，她重视抓教改课题实验研究，先后参与省级课题"清华一条龙"课题研究，获"课题项目实验优秀教师"称号。"十二五"国家数字化信息研究课题"信息技术环境下青年教师快速成长的研究"主要负责人，已于2015年顺利结题；2016年参与立项并已开题研究的"利用信息技术培养学生核心素养的研究"已进入中期。为了配合课题和教研的需要，她在学校网站建立了课题栏目，把学校的教研动态、教研成果及教学图片及时反馈在网站上，给学校教师提供了快速便捷的教研信息，同时为他们创造了一个交流的平台。为了保证学校教师在成长的过程中能有一个可追寻的足迹，她一人完成了教师成长档案袋的收集、整理工作，按教研组把每位教师的档案资料分装在档案盒内，为今后教师个人资料的查找提供了便利。她撰写的课题报告也被评为蜀山区优秀课题报告，收录在优秀课题结题报告集中。2011年被蜀山区教体局评为"有效推进合肥地区教师专业化发展"课题研究先进个人。

组织教师多元培训，提升教师专业化成长

每年教师的各种培训活动很多，她都利用教学外的时间，做好心理健

康远程培训、学科培训、学科骨干教师培训、优秀班主任暑期培训等各项宣传工作，并撰写实施方案、计划，完成缴费工作，做到上报及时、信息无错误，保证了教师参训顺利进行。在分派外出教师培训时，她做到了兼顾学科，公平公正。大练兵活动是每年教体局组织的一次常态化教研活动，在暑期大练兵活动中，她练前认真思考、反复修订、精心组织、周密安排，使得每一次大练兵活动内容丰富，形式多样。根据教体局的通知精神，积极组织教师参加大练兵活动中的教学论文、教学设计和教学反思评比及其他各级各类比赛，为教师提供平台与保障，做好参赛老师的引领与指导工作。

荣誉与成果

获合肥市英语观摩课二等奖；《让学生走进多彩的多媒体课堂》获蜀山区教育技术论文一等奖；独著《中考英语阅读》，合著《中小学英语随堂阅读》。蜀山区优秀教师，2010年获合肥市蜀山区教育系统先进女教职工称号。2011年被蜀山区教体局评为"有效推进合肥地区教师专业化发展"课题研究先进个人，2012年被评为合肥市课程改革先进个人，蜀山区"师德标兵"；2013年被评为蜀山区优秀教育工作者，2016年荣获蜀山区"优秀共产党员"称号；省级课题"清华一条龙"课题研究"课题实验优秀教师"；2017年在合肥市第五届"美德少年"暨第二届"美德教师""美德家长"评选活动中，荣获"合肥市美德教师"荣誉称号。

（二）主题教育活动

学校根据市教育局《关于印发全市教育系统"讲看齐　崇师道　做'四有'好老师"主题教育活动实施方案的通知》和区教体局《关于在全区教育系统开展"讲看齐　崇师道　做'四有'好老师"主题教育活动的通知》精神，决定开展主题教育活动。

附：

江淮学校"讲看齐　崇师道　做'四有'好老师"
主题教育活动实施方案

一、指导思想

教育是国家发展的基石，教师是教育发展的第一资源。"一个人遇到好老师是一生的幸运，一个学校拥有好老师是学校的光荣，一个民族不断涌现一批又一批好老师是民族的希望。"习近平总书记多次强调教师队伍建设的极端重要性，极大地鼓舞和激励了广大教师和教育工作者。

学校组织全体教师认真学习习总书记讲话精神，充分认识开展"讲看齐　崇师道　做'四有'好老师"主题教育活动的意义，从而调动广大教师参与此项主题教育活动的积极性和主动性。

二、目标任务

（一）进一步坚定理想信念。

（二）进一步培养道德情操。

（三）进一步夯实学识素养。

（四）进一步唤醒仁爱之心。

三、活动步骤及主要内容

开展"讲看齐　崇师道　做'四有'好老师"主题教育活动，是全区教育系统进一步加强师德师风建设的一项重要举措。根据区教体局的工作安排，活动主要步骤为：

第一阶段：宣传发动阶段（5月份）。

1.制订方案。

2.宣传动员。

第二阶段：学习讨论阶段（6月份）。

3.组织理论学习。

4.开展读书活动。

5.开展专题交流讨论。

第三阶段：开展活动阶段（6月份至8月下旬）。

6.开展自查自纠活动。学校全面开展"四查四看"自查自纠活动。即：一查是否具有坚定的理想信念，看是否树立政治意识、大局意识、核心意识、看齐意识，坚定道路自信、理论自信、制度自信、文化自信；二查是否具有良好的道德情操；三查是否具有扎实学识，看是否有工作不敬业表现：备课不精心、上课不认真、辅导不耐心、教学方法陈旧、教育质量低下等；四查是否具有仁爱之心，看是否尊重学生人格，有无体罚和变相体罚学生的行为，是否真正走进学生家庭、走进学生心灵，有无借职业之便向学生及学生家长索要钱物及违规从事有偿补课等不良行为。通过"四查四看"，认真梳理问题，坚持问题导向，切实抓好教师个人和学校自查自纠工作。

7.师德主题演讲活动。

8.师德评议活动。

9.组织参加评选"蜀山最美教师"活动。

第四阶段：总结提高阶段（8月至9月）。

10.总结成果。学校要认真总结师德主题教育活动，发掘在师德主题教育活动中涌现的"四有"好老师。参加区教体局优秀师德建设典型案例的征集汇编活动。

四、具体措施

1.成立活动领导小组，充分加强对此项活动的组织领导。

2.明确主题，提高师德主题教育活动实效性。

3.充分做好宣传工作，扩大师德主题教育活动影响力。

附件：江淮学校"讲看齐　崇师德　做'四有'好老师"主题教育活动行事历见表C-1。

表C-1　江淮学校主题教育活动行事历

月份	工作内容	负责部门
五	1.制定"讲看齐　崇师德　做'四有'好老师"主题教育活动方案。 2.召开动员会，宣讲方案，明确要求。 3.购置教师学习用书。 4.签订师德承诺书。	教研处 德育处 团委
六	1.发放学习笔记本，结合理论学习，启动读书活动。 2.围绕四个专题开展2次以上的讨论（每人至少撰写一篇学习心得，利用周三教师会做一次交流发言）。 3.组织开展"做'四有'好老师"征文活动。 4.参加"蜀山最美教师"推荐评选活动。	教导处 教研处
七	1.对照"四查四看"要求，开展"四查四看"自查自纠活动（每位教师至少撰写一篇师德剖析报告）。 2.总结自查自纠活动，学校撰写自查报告。 3.参加区优秀教师、优秀教育工作者、优秀校长评选活动。	办公室 德育处
八	1.开展师德评选活动（学生评老师、家长评老师、教师互评）。 2.开展校内优秀师德建设典型案例征集评选活动，并推荐优秀案例至区教体局。 3.完善过程资料建设，做好活动总结。	德育处 办公室 教研处

附："四有"好教师征文

做最好的老师

左 岳

我是一名老师，教我的学生描绘第一笔人生的蓝图；我是一名老师，将学生从无知的荒漠引领到知识的绿洲；我批评过，表扬过，也鼓励过他们，伴他们走过一段容易跌倒或时时彷徨的道路；我要成为他们成长岁月里最可信赖的朋友。

最近我读了教育专家李镇西老师的《做最好的老师》一书，感触很深。李老师给我们展现了一个个跌宕起伏、曲折动人的故事，发人深省，撼人心魄，催人泪下。

我想我不仅是一名老师，要尽到传道授业解惑的本分，我更要做一名兼具童心、爱心和责任心的优秀教育工作者。

最喜欢李镇西老师的几句话：

你也许不是最美丽的，但你可以最可爱；你也许不是最聪明的，但你可以最勤奋；你也许不会最富有，但你可以最充实；你也许不会最顺利，但你可以最乐观……

因此，你若是工人，就要当技术最出色的工人；你若是营业员，就要当服务质量最佳的营业员；你若是医生，就要当医术最高明的医生；你若是教师，就要当最负责任的教师；甚至你哪怕只是一名个体户，也要当最受顾客称道的劳动者！你也许不能创业成名，不能名垂青史，但你可以成为同行业中千千万万普通人里最好的那一个！

我所谓的"做最好的自己"，强调的是自己和自己比——今天的自己和昨天的自己比，不断地超越自己。做最好的自己，便意味着要尽可能在自己的职业中达到自己力所能及的最好程度。

整本书都拜读之后，除了尊敬和崇拜，我自己深受启发，简要列举几点与大家分享：

每日三省吾身

每天反思自己，与昨天相比，要有一点点进步，有一点点收获。"不积跬步，无以至千里；不积小流，无以成江海。"做最好的教师就是踏踏实实上好每一堂课，仔仔细细批改每一本作业，认认真真对待每一次谈心，开开心心组织每一次活动。每一天的进步将会引导走向成功。所谓"最好"就是"更好"，虽然这个"最好"，永远达不到，但一个个"更好"，便汇成了一个人一生的"最好"。所以我说，只要我从每天最平凡的小事做起，每日三省吾身，每天都能有所超越，

即使成不了红花，也定能成为一片绿油油的叶子，在属于自己的枝杈上，婆娑起舞。

教育者要拥有一颗童心，童心是师爱的源泉

李老师提出教育者是否拥有一颗童心，对教育至关重要。这也是他后来能够真正走进学生的心灵，并且能够在教育上取得成绩的重要原因。教师的童心意味着怀有儿童般的情感，他说："能够自然地与学生'一同哭泣，一同欢笑'的教师无疑会被学生视为知心朋友，更容易赢得学生的心灵。"苏霍姆林斯基也曾说过："教育是人和人心灵上的最微妙的相互接触。如果我们希望自己的学生成为有义务感和责任心的、善良而坚定、温厚而严格的、热爱美好事物而仇恨丑恶行为的真正的公民，我们就应该真诚地对待他。"

师生之间浓厚的感情纽带正是教师管理班级的有利条件，李老师说："只要把握学生的情感，并注意环境、场合，教师任何'过分的孩子气'都不会是多余的。在与学生嬉笑游戏时，教师越是忘掉自己的架子，学生越会对老师油然而生亲切之情——而这正是教育成功的起点。"以前，我可能会不理解，但我受到李老师的启发后，尝试与学生打成一片，发现其中的魔力是巨大的。就以我带的八（1）班来说，班级纪律是全校皆知的，我也很头疼，每每想到一些调皮的孩子总是不知悔改也很生气，但是我尽量调整自己

的心态，多理解他们，多包容他们，这次的万圣节，我就以英语电台和班级英语活动课分层级开展，提前布置学生带上自己的喜爱角色的衣服装扮起来，点缀节日气氛，对于英语程度较好的学生以英语电台的方式传播节日的起源、庆祝方式以及相关的英语知识，对于英语程度薄弱的学生我以游戏的方式让其参与其中，极大地调动了他们的积极性，孩子们在活动中玩得很开心，我相信万圣节这一课在他们的脑海中留下了深刻的印象。

教师要以身作则并注意营造气氛

"其身正，不令而行；其身不正，虽令不从。"教师的为人比他所教的知识更重要。生活中教师要以身作则，对学生的要求自己要第一个严格遵守。课堂上，教师是课堂教学中发挥决定性作用的因素，教师的表现创造出课堂气氛，而教师每天的情绪决定着课堂的情绪。

教师要注意营造一种积极和谐的班级氛围，而不是对抗消极的班级氛围。课堂上，教师要精力充沛，情绪饱满。讲课时要面带微笑，表情要轻松愉快，目光要亲切，举止要大方文雅，谈吐要简洁，对学生要热情而有耐心。教师在课堂教学中要始终贯穿鼓励性的语言来增强学生回答问题的信心，激发他们的学习兴趣。教师努力营造出温柔关切的班级气氛，是一种非常巨大的力量，它就像一股汹涌的急流，撼动着感情最冷漠的学生。

在失误中前进

"知错能改，善莫大焉。"真正的教育者，不是没有失误，而是会从失误中吸取新的前进力量。可以说，任何一个教育者在其教育生涯中，都会犯这样或那样的错误。当然，我也犯过错误。而区别优秀的教育者和平庸的教育者，不在于教育者是否会犯错误，而在于他如何对待已经犯了的错误。一个真正的教育者要学会把教育失误变成教育财富。

还是以我的八（1）班为例，七年级的时候我是他们班的班主任，班里的每一个孩子情况我都很清楚，但是我一直没有考虑到有些孩子的家庭背景的特殊性和有些孩子的心理疾病，我一直都以正常孩子的标准来要求他们，结果就导致看他们做什么都不满意，因为我没有根据他们的实际情况降低对他们的要求，反而把这些责任归结到自己的身上和学生的身上，最后的结果是我们彼此看着都很难受。身为英语老师又兼班主任的我，往往老是忘记自己英语教师的角色，每天苦着一张脸去上英语课，感觉效果很不好。现在的我和八（1）班有了一点距离，和他们的关系也仅仅是英语老师，同时我也调整了期望值和自己的心态，可能是距离产生美，我觉得我的英语课我上得越来越有意思！我感觉孩子们跟我的关系比我当班主任时更亲密了！

注重对学生的保护

很多老师出于气愤，经常不自觉地伤害了学生的自尊心，伤害了学生的心灵。可悲的是很多教师在造成这么严重的后果后还不知其所为。在对待学生上，教育者要尽量避免对学生心灵造成伤害。要杜绝打学生、用语言伤害学生的自尊心、冤枉学生、在学生面前表现出对他绝望等等。因为一个学生真正堕落，有时候恰恰是从我们教育者"绝情"开始的。永远不要对学生扬起你的拳头；永远不要用刻薄的语言对你的学生说话；宁可让学生欺骗十次，也不要冤枉学生一次；无论你的教育遇到了多么大的困难，都千万不要对学生说"你是不可救药的"。做"最好的教师"是一种平和淡然的心态，也是一种慷慨激昂的行为；是对某种欲望的放弃，也是对某种理想的追求；是平凡的细节，也是辉煌的人生。

可能我现在还不是学生们眼中最好的老师，但是只要努力就会有收获。我坚信，只要热爱自己的教育事业，对待工作认真负责，敢于接受挑战，在困难面前永不服输，虚心学习，每天不断进步，我就会离成功更进一步。

用几句话与大家共勉并结束我今天的演讲：

为人梯——用我们的坚韧，让学生踩着我们的肩膀奔向新的征程。

化春蚕——用我们的才能，让知识的绸缎从我们身上逐渐延伸。

做红烛——用我们的忠诚，来燃烧自己给孩子带来光明。

成落花——用我们的精神，来牺牲自己滋润孩子美好的心灵。

静等花开

吕 芳

教育是一首抒情诗，轻轻拨动学生的心弦，润物细无声。教育需要每一位教育者用心去做，需要每一位教育者静静地等待。从事教育十五年，我想谈一谈发生在我身上真实的故事和感受。

第一个关键词：教育是传承

2002年，我从师范院校毕业，手捧着大学毕业证，教师资格证，开始了我的教书生活，成了一名英语教师。第一次走上讲台，第一节课，如今都记忆犹新。我非常幸运，因为我工作的学校就是我的母校。当时我自己的小学英语吴老师仍然还在母校教书。第一天上班，拿到课本，我真的很困惑，虽然读了这么些年的书，学习了教育学、心理学，但是，面对一群小学生，面对着一节课就是简单的几个字母，几个单词，这课该怎么上呢？第一节课下来，我只用了20分钟的时间就把知识点上完了，剩下的时间不知道该干什么，最头疼的还有课堂纪律，不知道用什么办法才能让孩子们安静下来，每节课后，我都是一身汗，疲惫不堪。我都有点想放弃了。我可以继续当老师吗？只能鼓励自己再坚持一段时间。有一天，当我走到教师门口，发现里面很安静，这是怎么回事？走进教室一看，吴老师搬了一套桌椅坐在教室的最后面，低着头批改着她的作业，什么话也没有说。从那天开始，吴老师把她的办公室搬到了我的教室里，整整陪了我两个月。每堂课结束，她都会指出我的问题，帮助我改进。从单词课、对话课、阅读课，到每个单元重难点，学生出现的问题怎么处理，她手把手地教我，我再一次成了她的学生，感受到了老师的温暖，在她的帮助下，我进步飞快。一年后，参加区级赛课，拿到了一等奖，接下来，市级比赛，吴老师又帮我备课，磨课，几个晚上，都和我一起加班到11点多，在她的悉心指导下，在我从事教育的第四年，就获得了安徽省小学英语教师基本功一等奖。我从不会教书，迅速成为一名教坛新秀。在吴老师退休那一年，她把她毕生积攒了大半辈子的教学笔记交给了我，让我学习，不断进步。至今，这些笔记还保存在我的家里。当然，在我的教育生涯中，还有很多像吴老师这样的有经验的优秀的教育工作者给予我很多帮助，无论工作上，学习上，还是生活上。如今的我，每每站在讲台上，都会感觉到身后有一股力量，那是老一辈的教育工作者对我们的期望和寄托。教育是一种传承。

第二个关键词：教育是等待

我一直保存着两张照片，有一张是个小男生，很可爱，他是我工作第二年教的一个学生，胖乎乎的，能吃，特别可爱。可是学起英语特别头疼，不是因为他不努力，不用心，就是记不住！一个单词的发音，其他同学只要带读几遍，他却要十几遍甚至几十遍教，第二天又忘记了一半，让我哭笑不得。为了孩子的学习，他妈妈不知道找我哭过多少次。问我用什么方法，才能让她的孩子记住。其实，我也尝试了各种方式，最后只能告诉自己，每个孩子接受事物的过程的确存在差异，没有办法，老师也不是神仙。于是，从那天起，我多了一个小尾巴。只能尽我所能，用足够的耐心，每天把这个孩子带着，没事就让他跟我说，没事就找他背一背。小家伙憨憨的，也不着急，就这样跟了我四年。小学毕业，考了80多分去了初中，对于这样的成绩，我和他的妈妈都还是比较满意的。这件事就这样过去了，我又开始接了下一个班级，重新开始我日复一日的生活，直到去年暑假，我接到他的电话，他说要来看我。看到他的第一眼，我傻了眼，一个高大帅气的小伙子站在我的面前，除了那腼腆的微笑和眯眯的小眼睛我还能记得，整个人都长大了，如果在街上遇见，肯定不认识。而他仍然带着儿时的尊敬，微笑着看着我，眼神充满了亲切。我突然感悟到生命和成长的魅力，太神奇了！是他全家人让他给我报喜的，今年高考，他被中国南航飞行学院录取了，学习飞机驾驶专业，成为一名光荣的空军！他将是我们祖国未来的飞行员啊！我突然觉得特别激动，也突然意识到教师这个职业特别有意义，特别美好，这是所有职业都体会不到的幸福！当天晚上，我在自己的微博里发了我们的合影，写了这样一段话：不要抱怨教师的工作辛苦，不要抱怨教师的工资低，既然选择了当一名教师，就要用心去对待每一个学生，他们的成长、成才，将是你人生最大的财富，也是其他职业体会不到的幸福。

第三个关键词：教育是用心

用心做教育，需要尊重学生想法。作为一名教师，课堂上关注的中心应该是让每一位学生获得尽可能多的安全感和放松感，使每一位学生都能更为积极、健康地参与学习。在我们的课堂上，有时会出现一些自己不想看到或听到的事情，比如上课讲话，思想不集中，回答不上老师的问题……这些有可能让我们很生气，会忍不住发脾气。其实每个学生都有自己的想法，每个学生的自控力不同，每个学生接受知识的方式也不同，我们教师应该做的是正确引导，告诉他们什么是对，什么是错，应该怎么做，应该怎么去听课，怎么去处理问题。想透彻了，脾气自然好了。让课堂回归它的"原初"，从而使生命能够进入更为本真的状态。启迪思维，共同探索。

用心做教育，需要持久地付出，耐得住寂寞。每天重复着同样的话，每天都要批改堆积如山的作业，一遍又一遍地重复，甚至还不见起色，失望，厌烦，抱怨……这些情绪，我相信每一个教师都曾经有过。所以我们自己一定要调整好心态。教育是一种良心工程，需要的是奉献，并且持之以恒。每每走进教室，看到孩子们纯真的眼神，看到他们坐得端端正正等着听讲课时，我所有的负面情绪都会消失，就是想让他们学到知识，因为他们是如此信任你，我们应该对得起孩子的这份单纯的信任。面对一张张真挚的脸庞，面对一个个纯真的学生，付出再多，也是值得的。

总之，教育需要用心静静地等待。

每个人天生下来就各有各的特质、天性，有些人的本质是小草，有些人的本质是花、是大树。顺着自己的特质，让每一个生命长出自己该有的神采风貌：让小草长出小草的翠绿，让花朵开出花儿的绚烂，让大树长成大树的伟岸！让每个学生按着自己的本性，活出精彩的自己！

党的十九大报告中对教育提出了更高的要求，除了让孩子们"有学上"，还能"上好学"，体现了国家的发展，社会的进步，以及对教育的重视，这也对我们老师提出了更高的要求。如今的我，更加爱我的学生们，不论成绩好坏，能力强弱，因为十几年的教育生活让我真切感悟到一个道理：每一朵花都会开放，只是花期不同，只要你用心栽培，用心浇灌，他们都会绽放！我们需要做的，就是静等花开！

（三）校本培训

学校根据全国教育信息化"十三五"规划和全市教育信息化重点工作安排及《关于开展2017年合肥市中小学教师信息技术教学应用大练兵活动的通知》等文件精神，决定开展全校教师信息技术教学应用大练兵。下面呈现2016年暑期校本培训方案。

附：

江淮学校开展教师信息技术教学应用大练兵活动的培训方案

一、指导思想

以全面提升教师信息技术应用能力、全面推进信息技术与课堂教学深度融合为目的，组织开展信息技术应用能力培训和教学应用活动，推进信息技术常态化教学应用，提升学校教育信息化整体水平。按照全员参与、以练促研的原则，以全面提高教师信息技术应用能力，促进信息技术在教学中的有效应用为目的，组织开展信息技术能力培训和教学应用活动，促进优质教育教学资源不断积聚。

二、参加对象

学校全体教师。

三、组织机构

为加强活动领导，成立教师信息技术教学应用大练兵活动领导小组：

组长：张　曙

成员：齐丰收，陈秀文，各中层及各教研组长。

四、工作任务

（一）教学实践

全校高度重视教育信息化工作，突出"学校为主体"的应用原则，深入推进信息技术与课堂教学的融合创新，在备课、上课、教研等各个环节对信息技术应用提出明确要求，切实抓好信息技术常态化教学应用。学校要加强日常应用的督促、指导。

1.信息技术应用能力校本研修。学校要将信息技术应用能力提升作为校本研修的重要内容，根据教师需求有针对性开展校本培训，组织全体教师结合示范课、观摩课、研讨课等开展信息技术课堂教学应用研讨，切实提升教师信息技术应用能力。

2.基于信息技术环境下教研活动。学校将信息技术应用与日常教研活动有机融合，利用网络开展日常教研，指导教师撰写信息化应用教学论文、制作课件、微课，组织参加市、区举办的各项信息技术教学应用活动。

3.翻转课堂和智慧课堂等教学探索。基于微课的翻转课堂试点学校要指导教师围绕教学重难点制作微课并应用于教学，积极探索基于微课的翻转课堂教学。智慧课堂建设学校必须整体推进，结合智慧课堂的应用开展智慧教学探索。各校要结合实际积极探索课堂教学新模式、新方法，改变传统的教学方式、学习方式和交互方式。

4.继续开展"一师一优课、一课一名师、课课有精品"等活动，加强教师空间、学生空间注册和应用管理，引导教师利用个人空间开展教学、教研。学校结合常规工作安排，开展丰富多样的教学应用活动，以活动引导教师常态化应用，促进信息技术与学科教学的深度融合。

5.学习篇：加大培训力度，开展校级培训。学校面向全体教师有针对性地开展专题校本培训（利用2017年暑假校本培训进行，开展录播教学应用培训、课件制作培训、计算机基础知识培训、白板培训及微课制作培训）。

学校所有教师都要参加专题培训，并熟练掌握多媒体设备的使用和资源的利用。

6.实践篇：把大练兵活动与平时教学教研活动、班班通应用结合起来，将信息技术应用与信息技术课题有机结合，组织开展形式多样的教研活动。

7.展示篇：开展课堂教学展示活动，教师全员参与。

8.提升篇：学校建立、健全、完善多媒体应用管理制度。建立设备运行、维护和技术支持服务保障机制，建立完善的应用考核评估机制，切实提高设备的完好率和利用率，逐步建立多媒体应用管理长效机制，实现规范化、科学化管理。进一步加强优质教育资源建设和应用，利用好天网、地网的资源，把资源的利用与多媒体进教室的应用结合起来，充分发挥资源的优势，在用好管好现代远程教育资源基础上，不断充实和丰富教育资源，为多媒体应用提供优质资源。

附件：江淮学校开展大练兵活动内容安排见表D-1。

表D-1 江淮学校开展教师信息技术教学应用大练兵活动内容安排

时 间		内 容	主讲人
17日	上午	1.培训仪式 2.外训教师学习心得分享	陈秀文 周丽红、史娟娟、殷白贞、 朱军妮、赵俊
	下午	专家报告： 信息技术与学科融	段晓惠（8：30）
18日	上午	外训教师学习心得分享	齐丰收、左岳、江卫三、 张磊、陈永韬
	下午	中小学名师讲堂	杨韧（小学）（2：30-4：00）、 丁忠书（中学）（4：00-5：30）

续表

时　间		内　容	主讲人
19日	上午	专家报告：谈敬业乐业	张发东
	下午	交流研讨	各教研组长
20日	上午	教学沙龙 （全体老师带笔进场）	全体教师
	下午	教学分享 （全体老师带笔进场）	全体教师
21日	上午	校级及中层考评	齐丰收、江卫三
	下午	全体老师考评 （2：30-4：00)、 新优质的创建 （4：00-5：30)、 分发备课用品	齐丰收、江卫三、任昌宏、 刘学恒、陈秀文

附：江淮学校教师信息技术教学应用大练兵活动之
外训教师学习心得

相约华师，聆听美育云端之声

赵　俊

2017年7月29日，本人有幸参加了合肥市蜀山区中小学美术骨干教师高级研修班，在区教体局周文化、裴章云教研员的带领下，我们满怀虔诚，赶赴华南师范大学，开启了为期六天的求学之旅。

华南师范大学，简称"华师"，坐落于南方名城广州市，入选中国首批"211工程""卓越教师培养计划"，为广东省省属重点大学。

这次培训我们聆听以下各位专家教授的精彩讲座：谢光灵主任（华南师范大学基础教育培训与研究院工会主席）的《体验心得——破冰之旅与团队建设》，闫沛博士（华南师范大学心理学博士）的《自我成长与生涯规划》，陈玉萍主任《美育、美学、美感课堂》，吴丽红老师的《聚美术核心素养，优化美术教学模式》，华年教授的《学校美术特色课程的文化提升》，谷小荣硕士的《儿童画的心理解读》，赵玲玲教授的《教师礼仪与行为艺术》，艾红华博士的《艺术的故事，神奇的疗愈》，以及杨文才秘书长的《书法欣赏与点评》。

在这次研修培训中，谢光灵、闫沛老师组织丰富多彩的体验式课程，团队训练活动，让我们充分领略到体验式课程的亲历性、情感性、主动性、趣味性，充分体验了团队的重要性，每个队员或小组在整体中的作用。作为教师，我们都要有团队意识，协作精神，而且更要着重培养学生的协作精神，团队意识。

一天的全情投入，体验，让老师们在短时间内增进了了解，也再次激发了大家的学习热情。在活动中，各位学员各抒己见，互相剖析，畅谈新课改中的成功与问题，分析成因，寻找解决问题的办法。

陈玉萍老师唯美深情的课堂语言，鲜活的美育案例，唤醒了我们对美育教育的思考，一种审美教育的学科担当油然而生。美育是指运用审美的方式实施教育，目的是提高人们的审美感受力、审美创造力及审美情趣，以促进人格的完善以及全民族的整体素质的提高。我们对儿童美术心理世界的困惑和未知，也因谷小容老师深入浅出的儿童美术心理学剖析而柳暗花明。荣格曾经说过："画出那些我们面前看到的东西与画出我们看到的内心中的东西，是两种不同的艺术。"大部分老师或者家长常常会关注孩子是否画得形象、逼真，而忽略了孩子内心的真正想法，在他眼里事物应该是什么样子的，或者说在这个年龄段他是如何认知的。没有不会画的孩子，只有不会看的大人。当我们看不懂他的作品时，我们就要去了解他的内心想法，这个时候的儿童心理可能存在一些问题，而不应该对作品的描述作出简单的解释。我们要尊重儿童本人在作品表达的意义，用慧眼去发现，去引导，去给机会，给孩子一个场地，一张纸。老师要做的是煽动学生的好奇心，而不是虚荣心。

华年教授的校园美术文化建设的理念，让我们又一次提升了对校园美术课程文化内涵的认识。教学的最佳定义就是创设有利于学习的环境，所以我们要利用生活中的资源，将资源与教学相联系，关注时代信息、时事议题，把它们与艺术相结合。而赵玲玲教授讲解的"教师礼仪"也让我感受颇深。她引用杨澜所说的"没有人有义务必须透过连你自己都毫不在意的邋遢外表，去发现你优秀的内在，你必须精致，这是你做人的尊严。"作为一名老师在日常教育教学中不仅注重教育教学方法，还要注重仪容仪表。所以我们学为人师，行为世范，所学要为世人之师，所行应为世人之范。

酷暑高温，难抵求知的热情。几天来，我们始终不忘学习初衷：提高拓展专业知识，学习新课程的体系建设，开阔视野，提高教学水平，寻求新的课程切入点，定位中小学美术教学具体领域。我们对教育的思考在授课老师的引领下，得到了升华。转眼间培训接近尾声，然而，一个个课程关键词犹如一粒粒智慧的种子已然在所有老师的心中生根，我们期待萌芽开花的声音。在今后的工作中，我将把所学到的知识、技能、理念应用到教育教学过程中去，不断改进和提高教育教学水平。

思想品德骨干教师高级研修班学习心得
——突破和超越自我"进入角色"

朱军妮

"参加培训是教育工作者享受的一种最好的福利"，这是我此次学习最深的领悟。2017年7月，我有幸参加了"合肥市蜀山区小学思想品德骨干教师高级研修班"培训，这次的培训地点是安排在十三朝古都——西安。5天的研修期，不仅让我们获得了独有的教育智慧，学习之余也感受到了历史名城的空气，邂逅了一个盛唐。

此次研修，陕西师范大学做了精心准备，精选主题。我们了解到了现代教学艺术、小学"道德与法制"课教学实践与思考，感知怎样用心上好小学"道德与法律"，还对小学部编教材编写框架与内容做了深入的剖析等。专家的培训讲座循循善诱、娓娓道来，从他们的身上，透出一种知识的力量，教育艺术的魅力。通过培训，使参与者对这门课程有了全新的认知和感悟。

小学"道德与法制"是极具特色的一门教材。它图文并茂，抽象问题直观形象表达，贴近学生生活。

陕西省教科院教研员邵亚茹老师在教学中指出一年级的"品德与生活"的教材全部换成"道德与法制"，这是一个巨大的突破。目前我们国家倡导依法治国，法律的意识应该从小就扎根在我们祖国的花朵——少年儿童的心中。同时教材所涉及的法律知识都是适合青少年儿童成长发育的基本知识，也是法律最基础的内容，在教材编写和试用的过程中，很多专家和一线教师对于教材提出了很多宝贵的意见和恰当的修改，这些都为新教材成功施行提供了保障。其次，邵老师还向我们分析了一年级小朋友的基本情况，详细讲解了一年级教材的框架及教材所包含的几大单元的内容。教材丰富多彩的内容与科学合理的设计令我们叹为观止，也让我们对这门课程的认知有了新的领悟，体会到了这门课程的重要性，不会再从思想上将它定位为副科。我们的教育恰恰缺乏的就是对孩子思想上、心理上、行为上的教育。育人先育心，一味抓分数，使我们的孩子失去了快乐，失去了个性的发展，更失去了我们中华几千年来的传统美德。

研修结束，心存感恩的同时，更多的是反思。作为教育者，我们要扩大阅读，增加人生的阅历，这才是最长久的备课。作为教育者，突破和超越自我更为重要。精气神一体，情韵魂于身，我们需要充实自己，锻炼好身体，将课堂教学高效进行。我坚信，我们教育者会通过共同努力，勤学、善思，共同为教育事业做贡献。

（四）学校派遣本校教师外出学习

为开阔教师视野，积极汲取先进教育理念，学习优秀教育管理经验，提升教育教学水平，培养一批教学新秀和教学骨干，加强校际间的横向联系，增强学校的向心力和教师凝聚力，学校特制定学校外出学习方案。外出学习的时间、名额按上级部门指示办，经费由学校师资培训项目支出。外出培训学习的教师学成归来，需要在校本培训与全体教师会上分享心得，谈论体会。

（五）建立健全教师档案管理机制

江淮学校是一所九年一贯制学校，涉及两个学段，教师结构较为复杂，学校为在管理方面趋于科学化和规范化，特制定了教师档案管理制度。教师业务档案反映的是教师的学术水平、业务能力及工作业绩，能鲜明反映教师的工作素质，能体现学校的教学水平及教师队伍结构。

（1）目的。为了把握教师业务水平情况，对教师教学科研水平进行考核，充分发挥业务档案对教师考核、评估、晋升、奖惩方面的作用，特制定本制度。

（2）收集内容。教师业务档案主要收集和记载教师在教育教学、科研活动中形成的各项材料，如教学任务完成情况，教学效果，发表的论文、专著，参加的课题研究情况，校内外各类教学比赛获奖情况，任课、进修、观摩教学、参加有关会议的总结等，由教研处及时对这些材料进行登记造册。这些材料作为对本人考察、使用、晋升、奖励的主要依据。

（3）专人专管。业务考绩档案由学校领导指定教研处专人负责建立和保管。这是一项经常性的工作，由专人负责管理，对接收来的材料，分类、编目、登记、统计。

（4）个人档案袋。每位教师建立一个档案，内容包括个人基本信息、教学活动、任教科目、进修、观摩、参加的课题、发表的论文、参加的学术研讨活动等，内容详尽，能全面显示教师的教学教研状况，充分发挥档案在教育、教学工作中的积极作用。

六、食堂管理

随着城市建设和发展，单位的搬迁，有相当一部分中小学生家长的上班地点比较分散，家长中午没有时间接送孩子，也没有时间给孩子做饭，导致这些孩子的中午饭有的在路边小摊凑合着吃，有的在附近居民开设的小饭桌解决，既不卫生，又不符合营养搭配需要，没有良好的就餐环境，不利于孩子的生长发育。

为了保障中小学生的身体发育需要，给孩子提供一个健康卫生的就餐环境，江淮学校新建一个标准化的食堂，解决中小学生的中午就餐问题，解除家长们的后顾之忧。建设食堂的意义在于：①给老师和同学提供吃饭的地方。②给社会创造一些岗位，增加就业机会。③场地大，适合教师和学生在此开联欢会。④让学校更加完美。⑤办好学校食堂非常重要，这是目前解决孩子们吃饭难、小饭桌乱象的良策。⑥对于家庭比较困难的学生，午餐费用实行减免。

食堂按照新标准建设，配足配齐各种设施。有严格系统的管理制度，定期举行卫生培训、检查和消毒，严把原材料进口关。每天两荤两素一汤，要求一个星期不重复，提前公布菜单。严格把关进货渠道，确保菜品新鲜营养。中午实行错时就餐，小学生提前二十分钟放学，中学生推迟五分钟放学，确保就餐文明有序。

附：

合肥市江淮学校"明厨亮灶"信息化建设要求

使用高清摄录设备将关键部位、重要环节（包括库房、清洗、切配、烹饪、专间、留样、洗消等区域），通过6~8个实时动态画面予以全面展现。食品库房、粗加工间、烹饪场所等食品监控摄录的影像数据必须留存备份，存储周期不得少于1个月；通过订制化APP，适度向家长或公众监督群体开放权限，提供远程实时查看、历史回放、互动交流等功能服务。

1.食品库房：展示食品原料验收、储存画面。实时采集记录仓库所有食材的存放和人员进出情况，公示食品原料及其来源等信息；选择支持接入温湿度传感器的摄像头。

2.粗加工：展示荤菜、蔬菜分类清洗画面。保证高清记录食材清洗全过程，画面应达到食材和操作人员清晰可分辨。

3.切配：展示分类切配画面。保证高清记录食材切配过程，采集的视频要能够清晰辨识食材和人员操作过程。

4.烹饪场所：展示烹饪过程。记录厨师的操作和食材投放情况，要求能清晰地辨识食材和厨师穿着、操作情况；镜头需具备良好的防尘防水防油污能力。

5.分餐、留样：展示分餐过程和留样冰箱。展示分餐时的卫生环境和操作过程，摄像头需对准留样菜品储存的冰箱，进行全天候视频采集。

6.面点间：展示面点加工过程。如果制作糕点食品，应当设置专用操作场所；摄像头应全程记录面点制作、加工工程。

7.餐具洗消间：展示清洗、消毒、保洁画面。摄像头应对准餐具消毒设备，完整记录餐具清洗、消毒全过程；视频图像须能看清消毒设备温度显示数字。

"明厨亮灶"电视机显示屏幕需使用50吋，显示屏画面可采取滚动播放的方式，显示屏单幅展示的画面应在10~15秒滚动播放1次；多幅展示的，不得超过4个，间隔时间为1分钟左右，以确保清晰展示后厨画面。

七、功能室管理

（一）物理实验室

概况：物理实验室是完成中学物理实验教学的重要基地。

①仪器添置。随着实验的开设和教材的调整，实验室必须正常添置、补充仪器和药品。

②仪器验收。采购进来的仪器应先验收后使用。验收的一般程序：开箱察看，核对仪器的名称与数量是否与货单相符，查看仪器说明书，检查仪器的所有配件是否齐全，整体有无损伤。

③仪器编号。验收入库的仪器一般都应贴标签或用专用记号笔标记，即在仪器不显眼位置注明仪器编号。同种仪器的顺序号不能重复。

日常管理：

物理实验室实行物、账按时校对，正常损耗及时报备登记制度。

负责人：许克山。

（二）化学实验室

概况：化学实验室包括学生实验室、仪器药品室和准备室三部分。学生实验室宽敞明亮，环境整洁，学生实验台共有24套，可供48名学生同时进行实验。仪器药品室共有10个药品仪器柜，一个易燃药品柜，两个危化品保险柜。各类仪器药品分类入柜，常用药品和危化品分开入柜。

日常管理：

①健全实验室管理制度；

②完整的管理档案：管理档案包括仪器、药品管理档案和实验教学档案；

③化学药品、仪器分类管理：对于危化品管理进行分层分类储存，实行双人双锁管理制度。

负责人：吴燕。

（三）生物实验室

概况：生物实验室现有实验室和准备室各1个，按省标准建设而成。实验室有16组水电齐全的实验桌，可同时容纳32名学生进行分组实验。准备室有仪器橱柜8个，有各种模型、标本和各种玻璃仪器等。

日常管理：为生物实验教学提供全程服务。

负责人：江卫三。

（四）微机室

概况：微机室是为了使学生跟上时代发展的需要而建立的一个电子教学室，教师利用微机室开展信息技术课的教学，学校有2个微机室，每个微机室中包括1台教师机和56台学生机，学生可以利用机房资源上课、上网查询学习资源等。

日常管理：

首先，保证学生及机房内设备的安全；其次，重视机房环境；最后，定期对计算机操作系统进行检查，及时进行维护。

负责人：张倩倩。

（五）书吧

概况：本功能室面积约30平方米，是一个集师生休闲、阅读的场所，室内布置温馨典雅，灯光柔和，墙上醒目标语催人快速融入书吧。书吧提供小说、杂志、经典名著、生活指导等方面的书。师生可在暖意融融的氛围中，享受美好的阅读时光，重塑自己的心灵，提升个人的修养。

日常管理：

图书目录按图书类别编制，纸质目录供师生查阅，电子目录在电脑中保存。

负责人：刘家红。

（六）书法教室

概况：该室是利用原有教室改造而成的书法教室，使用面积64平方米，设有桌椅20套，并配备多媒体、笔墨纸砚、毛毡等。环境优雅，设施齐全，能满足每周二书法社团上课的需要。

日常管理：

作为社团活动场所，教室内环境优雅，专人管理，使用率高。

负责人：孙郎平。

（七）音乐室

概况：音乐教室为学生音乐课堂提供良好的上课环境，有钢琴、多媒体设备、五线谱黑板、音乐凳、合唱台等教学设备。正常音乐课时间以外，音乐社团活动在音乐教室有声有色地开展。音乐教室是学生上音乐课，进行音乐体验与活动的好地方！

日常管理：

为音乐教学提供全程服务。

负责人：王晓娟。

（八）美术室

概况：美术室由校美术专职教师负责管理，室内张贴美术教室管理员职责和美术教室管理规章制度，配备了美术教学必备的教具和学具。

日常管理：

为美术教学提供全程服务。

负责人：赵俊。

（九）创新实验室

概括：合肥市江淮学校"无人机STEAM创客中心"创新实验室，旨在培养学生对于科学技术的兴趣，激发同学们主动探索科学奥秘，同时锻炼动手、协作能力等多种社会能力。

以无人机教学为平台，结合先进STEAM教育理念，通过无人机组装、科学原理实验等多种形式，将现代高科技引进校园。

日常管理：

为无人机教学提供全程服务。

负责人：张玮玮。

（十）督导室

概括：合肥市江淮学校通过成立督导室，建立对学校管理干部、教研组、教师、学生的评价体系，把学校日常工作有机地纳入督导评估中来，从而推进学校有效管理、科学管理。

日常管理：

依托评估工作，为打造学校特色服务。

负责人：张玮玮。

（十一）教工之家

概况：本功能室拥有红双喜木质球台一个，两部多功能跑步机及两辆健身单车，室内配有柜式空调一台，联排6座的教师休息椅及比赛计分牌等各类设施，墙面布置各类体育文化励志标语。

日常管理：

将教师体质训练纳入日常教师综合素质考核。

负责人：叶传勇。

（十二）名师工作室

概况：名师工作室的各位成员把江淮学校作为蹲点学校，和同行教师一起听评课、磨课，共同开展课题研究活动，真正做到教与研同步进行，引领示范效果显著。与学校开展的师徒结对项目，使年轻老师在专业化方面得到快速成长。

日常管理：

活动有台账，学员有档案，开设网络交流平台"一周一交流"网上研讨活动。

负责人：陈秀文。

（十三）录播教室

概况：学校标准化智能录播教室由上课教室与观摩室组成，授课教师可以在不受外部影响的情况下开展教学活动，听课教师在观摩室通过单向玻璃和实时录像关注教学全过程，上课、听课、评课可以同步进行，提升了听评课的效率。

日常管理：

通过录播教学，更好地实现师生课堂互动，提高评课效率。

负责人：陈永韬。

（十四）图书室

概况：我校图书室现有图书一万一千多册，这些图书为我校师生提供了丰富的精神食粮。凡学校老师和1~9年级学生均可在本室借阅图书，统一办理借书手续，所借图书册数不得超过班级人数，班主任每次可以带4名同学选书。

日常管理：

每周四下午以班级为单位，前来借阅图书。学校每天中午开展30分钟阅读课。

负责人：张正银。

（十五）阅览室

概况：阅览室充分利用学校图书室图书资源，使馆藏图书更好地为学校教学科研服务，发挥图书在学校科研中的作用，扩大学生的课外阅读量，提高学生的阅读能力。本阅览室由图书管理人员负责管理，凡本校师生均可进入阅读。

日常管理：

本阅览室实行开架阅览，为照顾所有读者，每人限取1册，阅毕放回原处，不得乱插乱放。

负责人：张正银。

（十六）广播室

概况：广播室是学校开展日常教育教学工作必不可少的校园文化建设载体、舆论宣传阵地和应急指挥场所。广播内容要配合学校工作，注重思想性、艺术性和知识性，要积极、健康、向上，有利于学生身心健康成长和素质提高。

日常管理：

保持广播室室内整洁；落实防火、防雷击、防潮、防触（漏）电和防盗措施，确保安全。

负责人：张正银。

（十七）荣誉室

概述：荣誉室展示近几年来学校受到上级部门表彰而获得的各种奖牌、奖杯、获奖证书等，是学校精神和文化传播的重要基地，是激励广大师生继续奋发进取，积极向上，获取更加辉煌成绩的动力源泉。

日常管理：

及时收集并充分展示学校发展过程中所获得的荣誉。

负责人：江卫三。

（十八）心理咨询室

概况：心理咨询室是面向全体学生、教师和家长开展心理健康教育工作，提供心理咨询、指导和服务的专用场所，是学校心理健康教育的重要渠道。目前心理咨询室有办公接待区（兼档案区）、团体游戏区、个别辅导区三个区域。

日常管理：

保持心理咨询室场所整洁，设备齐全，外聘专业的心理咨询老师在学校服务。

负责人：吕芳。

第三节 特色亮化

学校在改革发展中，一开始就考虑到要尽量发挥自己的长处，努力打造自己的特色。几年艰辛，学校特色明显，逐渐亮化，一时引起师生赞誉，家长瞩目。

一、"九大优势"助推学校高速发展

（一）小班化教学

近些年来的小班教学实践，成为学校办学的一个亮点。

小班化教学优势明显：师生互动机会多，频率高，了解充分，易于感情交流；能照顾到班级中学生之间的差异，有助于教师关注每个学生的发展，易于因材施教；教师有足够的时间、精力进行优化管理，有利于形成良好班风，为探究性学习提供良好的环境。

（二）优秀教师团队

主要体现在四个方面：一是以张曙校长为首的名师团队。学校现有省级教坛新星1人，市级骨干教师6人，区级骨干教师9人。二是教师学历均在本科以上，100%达标，初中部还有3位研究生。三是拥有市区级名师工作室成员5人，绿色通道引进的骨干教师8人。四是获国家级课例评比一等奖3人，省市级优质课一等奖4人，区级聚焦课堂评比一二等奖8人。

（三）多项中考成绩居前

第一个是理科实验考试。2016年、2017年江淮学校考生的均分是9.91、

9.94，满分率均达93%以上，和周边名校持平。

第二个是体育中考。2016年、2017年、2018年江淮学校考生连续三年均分为蜀山区第一名。

第三个是中考文化课成绩。2016年文化课各学科较往年都有不同程度的进步，其中语文进步8.6分，数学进步18.68分，英语进步25.05分，思想品德进步4.29分，物理进步4.45，化学进步1.62分。各学科优秀率和及格率都呈上升趋势。2017年再上新台阶。

（四）中招政策利好

省中招政策正在发生变化，2016年指标到校生取消线下40分的限制，有利于实现教育均衡化，有利于普通学校的孩子，能够享受到实实在在的好处，有利于成长中的学校获得更大的发展空间。

（五）学校有食堂，午间有管理

2015年学校新建了食堂。有了食堂极大地方便了师生的用餐，尤其是为90%以上没有时间接送孩子的农民工家长解决孩子中餐问题。对于部分极困难家庭的孩子学校还提供免费午餐。餐后的午间管理，学校有制度，行政有值日，老师有排班，学生有辅导，社团有活动，休息有场所。逐渐形成了午间静校的氛围，帮助学生养成自我管理的好习惯。

（六）生均教育资源充裕

学校配有标准化实验室、多功能教室、高规格阅览室、高标准塑胶操场等完善的教育教学设备。高大靓丽的钢架雨棚，既是校园的景观，又解决了学校阴雨天上体育课受影响的问题。实验室配置全，规模大，生均资源丰富。中考理科试验取得很不错的成绩，就得益于这些资源的保障。

（七）与名校名师互动

学校已经建立了与五十中各校区长效的教育教学交流互动机制，定期开展互动研讨活动。与名校互动，互利互惠，既是薄弱学校教师成长的途径和平台，又为名校教师展示自我，提供了一个舞台。

（八）社团发展蓬勃

江淮学校有两个非常有特色的社团，在市里很有影响。第一个是行进打击乐团，曾受邀到北京演出；第二个是蓝天航模社，很受关注，影响力也较大。目前，学校社团数量已达到15个，课程常态化，活动规范化。社团课程内容从传统的泥塑到现代的无人机，从经典的黄梅戏到流行的烘焙，内容丰富多彩，让每一个孩子在这里都找到属于自己的舞台。

（九）校聘督学把脉课堂

学校建立校聘督学制度。近年来学校根据学科特点及任课老师成长情况，从周边名校及师范高校聘请了6位颇具盛名的专家名师，他们看备课，进课堂，访学生，问家长，询学情，评课又议课，把脉又问诊。

二、社团展示

学校目前已组建一批极具特色的社团，有的已经在省、市、区的评比中取得了很好的成绩，有的刚刚起步。孩子们在社团中收获了友谊，增长了见识，提高了兴趣。

（一）二胡社团

从2—4年级挑出部分对二胡感兴趣的学生，让学生在学习中通过不断练习而培养学生的艺术素养。教学内容丰富，结合孩子喜爱的乐曲培养孩子的想象力、创造力。每次活动做到有目的、有任务、有评价，定期组织个人拉奏，评出拉奏优秀者并给予奖励。针对不同学生的接受能力，给予分层辅导。

（二）合唱社团

成立于2014年，是学校成立最早、规模最大的学生艺术社团。社团以

"弘扬合唱艺术，活跃社团文化，丰富学生业余文化生活，提高学生的综合素质和艺术修养，增强集体荣誉感，促进学生全面发展，构建人文校园、和谐校园"为宗旨，通过各种形式的活动，发挥合唱的教育作用。现有成员60人。

（三）烘焙社团

为了丰富孩子们的课余生活，培养同学们的动手能力和团队协作能力，学校创建了烘焙社团。社团辅导员由我的学生家长担任。从1~3年级挑出对烘焙感兴趣的学生，制作一些简单易做的小西点，如纸杯蛋糕、饼干、布丁、松饼等，让孩子们不仅学会了一项生活技能，更培养同学们对美的创造能力，在快乐中成长。

（四）黄梅戏社团

戏曲是表现和传承中华优秀传统文化的重要载体。为贯彻《中共中央关于繁荣发展社会主义文艺的意见》精神，学校特建立黄梅戏社团。面向2—4年级的学生，根据年龄层次的不同，编排难易适中的小折子戏，多样化地进行趣味戏曲教学。同时，积极鼓励学生多渠道广泛参与活动，如观摩名家演出、排演节目、戏曲服装走秀等，亲身感受传统戏曲的独特魅力。

（五）绘画社团

结合绘画特点及学校实际情况，从基础抓起，从1—2年级中挑选出若干名对绘画有兴趣的学生参与学习活动。学生们在社团学习中，陶冶情操，展示出积极向上的精神风貌和艺术特点，综合能力亦得到提升。

（六）剪纸社团

通过学习剪纸能够很好地提升孩子的观察能力，培养孩子的手眼协调能力和耐心、细心。尽量选孩子们感兴趣的剪纸题材，对作品优秀的孩子给予展评和奖励。提升孩子对剪纸的乐趣和创造性。

（七）篮球社团

从4—6年级挑出部分对篮球运动感兴趣的学生，通过练习打篮球，使其个性、自信心、情绪控制、意志力、进取心、自我控制与约束等方面都有良好的发展，培养团结拼搏、努力协作、尊重他人等良好道德品质和集体主义精神。定期举办篮球游戏或比赛，让学生们用自己的智慧创造性地去应对场上出现的各种问题。

（八）泥塑社团

从3—5年级挑出部分对泥塑感兴趣的学生，请老师教授泥塑技能，一对一指导，在自由快乐的氛围中既感受泥塑艺术的魅力又提高动手能力。

（九）书法社团

结合学校历史传承，主要进行毛笔书法的基础教育，从3—4年级挑出部分对此感兴趣的学生，从基础笔画学起，扎扎实实地进行书法练习。

（十）无人机社团

"无人机STEAM创客中心"通过对无人机相关知识进行讲解、无人机组装、无人机飞行训练、科学原理实验、无人机拓展研发等，将现代高科技普及进校园，激发同学们主动探索科学奥秘，同时锻炼动手能力，沟通、协作能力，交际能力等。

（十一）黏土社团

从2—4年级挑出部分对黏土感兴趣的学生，结合孩子喜爱的卡通形象等进行创作，培养孩子的想象力、创造力，提高孩子的动手制作能力。

（十二）足球社团

为了贯彻落实全国青少年校园足球工作会议精神，加强学校体育工作，实现提高学生体质健康、运动技能和人格素养的总目标和总要求，提高校园足球普及水平，奠定中国足球发展的人才基础，学校立足学校实际，成立小学足球社团。面向2—3年级小足球爱好者授课。

（十三）武术社团

"宏武"武术社团成立于2014年9月，以"刻苦训练，团结协作，为校争光，弘扬国粹"为宗旨，增强学生身体素质，培养学生热爱祖国传统文化的民族自豪感和责任感。曾获合肥市武术操比赛第一名、第二名。

指导教师刘明，毕业于沈阳体育学院民族传统体育系，曾获安徽省青少年武术锦标赛刀术、棍术第一名，2007—2012年在新加坡新秀武术训练基地担任副总教练，培养学生曾获亚洲青少年武术锦标赛枪术、剑术第一名，现任江淮学校"宏武"社团专职教练。

（十四）行进打击乐社团

成立于2013年5月，是安徽省首支中小学生行进打击乐团。学校邀请海军军乐团打击乐专家齐鑫老师担任社团的艺术指导，武警军乐团专家付涛老师担任社团艺术总监。海军军乐团专家为乐团量身定做了一首曲目：《我爱祖国的蓝天》。这首作品结合学校的特色，通过模仿发动机的轰鸣，唱响蓝天和家园，未来与梦想，完美诠释了"中国梦"这一主题。

社团自成立以来获得了一系列荣誉。2013年代表蜀山区参加合肥市第三届鼓管乐队展演活动获得特等奖并且在蜀山区2013年田径运动会上做开幕式表演。2014年作为全国唯一受邀的中小学生乐团，参加"第三届北京国际青少年艺术周——行进管乐嘉年华"活动。作为嘉宾，他们不仅受邀参加了在国家大剧院举行的开幕式演出，还与来自世界各地的共7支代表队在居庸关长城、北京园博园等地同台竞技，一展风采。

（十五）心语社团

心语社团开展各种心理健康教育互动，解决学生心理问题，促进学生身心健康全面发展。

三、分月主题

为外树形象，内强素质，进一步打造有特色的校园文化，学校开展了分月主题系列活动，月月有主题，人人都参与，扎实有效地开展系列活动。学校把每年的3月定为科技月，4月为阅读月，5月为督学月，9、10月为体育竞技月，11月为教学月，12月为英语月。

通过分月主题活动的开展，让老师和学生们都有方向和目标可寻。这些丰富的活动让孩子们各方面能力都得到了锻炼，广受师生和家长的欢迎。一学年来，学校的校园活动越来越丰富，沉淀了学校独有的校园文化，潜移默化地提高了学生的学习积极性。为了记录学校系列活动的每一个精彩瞬间，留下师生努力的身影，我们已经将这六个月的活动方案，活动纪实和相关资料编成校园文化青春印记"倾听花开的声音"系列。

（一）科技月

科技创新要从青少年抓起。学校以"科技 绿色 创新"为主题，针对不同年龄段的孩子，围绕科学创新设置并开展了一系列活动，如"我爱科学"黑板报评比、科幻画、感受移动科技、科学家进校园等。在全省青少年无线电测向锦标赛中，学校代表队在比赛中荣获了四个一等奖、两个二等奖的好成绩。科学家进校园活动受到了区委书记李学明和教体局局长王雪梅的关注。

（二）阅读月

4月23日是世界读书日，目的是推动更多的人去阅读和写作。学校以"江淮四月天，芳菲读书月"为主题，以"全员阅读，书香江淮"为目标，开展系列阅读活动，有以各个班级为主体的主题班会和黑板报评比活动，有针对小学低段学生的亲子阅读，讲故事比赛，有针对小学高段学生的经典国学讲座，朗诵比赛，有针对初中学生的主题征文比赛，还有针对教师的原创系列，推荐一本好书和读后感系列。

（三）督学月

学校坚持"以人为本，德育为先"的育人方针，坚持学风建设与教风建设相结合的办学思想。通过开展教风、学风建设系列活动，整顿课堂秩序，加强教学管理，提高教学效率，建设高效课堂。通过开展教师公开课；全校教学开放周；社会主义核心价值观诵读比赛；家校共建论坛；纪律周评比；文明班级评选等一系列督学月活动，强化了纪律，明确了责任，改进了方法，规范了行为，优化了校园，为学校的进一步发展打下了坚实的基础。

（四）教学月

为突显教学工作的中心地位，调动教师从事教育教学工作的积极性，提升学校教育教学的实效性，实现学校教育教学管理的科学化、规范化、民主化，"教学月"以常态教学为中心，以提高教学质量为导向，以激励机制为手段，强化学校"三化一心"工作，完善教学常规管理，规范教学行为。

（五）英语月

为了激发学生对英语学习的兴趣，提高学生英语听、说、读、写的能力，学校开展"英语月"活动，并借活动的契机，营造浓厚的英语学习氛围，分享英语教学成果，展示学生的英语才能。让每个孩子找到自己身上英语学习的潜力，增加自信心，增强开口讲英语的能力。

（六）体育竞技月

为丰富校园文化生活，推进阳光体育运动，增强学生身体素质，促进学生全面发展，提高学生团结协作的意识和抗击挫折的能力，培养学生集体荣誉感和班级凝聚力，让全校师生充分享受体育运动带来的乐趣，学校9—10月开展体育竞技月活动。

四、书目研究

《顺着台阶往上走——中小学生阅读书目推荐》这本书是学校省级课题的一项研究成果。学校1—9年级语文老师精心推选出适合中小学学生阅读的书目，由前言、朱光潜《给青年的十二封信》摘录、分级书目及推荐理由、分级书目导读集成表、分级书目附录、美文欣赏、附文和后记组成，装订成册，供全校学生学习使用。书中把国家的顶层设计"读古典、读经典、读名著"落实到每个年级、每一周，解决全国老师共同存在的"什么是好书、如何去读"这一微观问题，希望中小学生和中小学阅读教学"顺着台阶往上走"。经学校研究决定，此书进一步完善后，正式出版，面向全国兄弟学校推广发行。

五、省级课题

由教研处牵头、教研组为单位，已申报国家级课题两项："信息技术环境下青年教师快速成长的研究"（已结题），"利用信息技术培养学生核心素养的研究"（进行中），拟申报两项新的课题。课题研究正在促使学校从"经验型"教育、教学工作模式转向"科研型"教育、教学工作模式。

附："利用信息技术培养学生核心素养的研究"课题报告

阶段性研究报告（摘编）

"互联网+"时代的到来，学生核心素养的培养又如虎添翼，学校在培养学生核心素养上又多了一大助力，2016年9月13日正式出台的《中国学生发展核心素养》明确表示中国学生要发展核心素养。这让学生的核心素养的培养方向更加明确，形式也更加迫切。为了顺应教育的发展趋势，学校根据"校情""师情"和"生情"，提出开展"利用信息技术培养学生核心素养的研究"的课题。它是学校继2015年国家级课题"信息技术环境下青年教师快速成长的研究"成功结题后又一研究项目，是学校2016年承担的教育信息技术"十三五"规划的立项课题。立项以来，经历两年的时间，学校给予了多方面的支持，在课题组成员的不懈努力和全体教师的通力协助下，开展了丰富多彩的课题实践活动，取得一定的课题实践成果，获得了一定的课题实践经验。现将研究工作汇总如下。

一、课题的提出

（一）课题提出的背景

1.时代发展的需要

从当前的研究现状来看，国外已经开始从整体上重构和设计基于信息技术环境的课堂教学过程，并在利用信息技术提高教师的教学效率及促进学生能力发展等方面积累了一定的经验。国内广大教师对运用信息技术培养学生创新能力的作用也有了一定程度的认识，已开始积极尝试。但就利用信息技术培养学生的核心素养这一方面倒是较少有人研究。在信息技术日新月异的新形势下，综观国内外同类课题研究的现状，我们选择了把"利用信息技术培养学生核心素养"作为课题进行研究，通过实践和研究，逐渐摸索出信息技术环境下培养学生核心素养的路径，具有非常重要的实践意义。

2.学生发展的需要

（1）学生应具备适应终身发展和社会发展需要的必备品格和关键能力。

（2）由于学校特殊的办学历史以及现阶段"学区范围小，生源少，80%生源来自进城务工的随迁子女，家庭教育基本是空白"的状况，如何培养学生学会学习，让他们增强信息意识，提高乐学善学、勤于反思的学习品质，是近年来学校教育教学工作的核心主题。

3.学校发展的需要

学校自2006年划转为区属学校以来，办学条件和教学环境有了质的飞跃，信息化教学设备层级逐年提升，学校Wi-Fi全覆盖，所有班级实现了班班通，高标准的微机房、录播室、多功能室、电子阅览室一应俱全。学校还有一支爱岗敬业的中青年教师队伍，他们大都具备信息技术能力，需要在教育教学中运用。有人大力呼吁："信息技术的运用让学校学生核心素养培养插上了飞翔的翅膀。"

（二）课题的核心概念及其界定

1.信息技术的界定

信息技术是指在计算机和通信技术支持下用以获取、加工、存储、变换、显示、传输文字、数值、图像以及声音的信息，是提供设备和提供信息服务两大方面的方法与设备的总称。我们课题组所界定的是充分利用和发挥学校现有的互联网、班班通设备、微机室、电子阅览室、录播教室、QQ、微信等信息技术环境的强大功能。

2.核心素养的界定

学生发展核心素养，主要指学生应具备的，能够适应终身发展和社会发展需要的必备品格和关键能力。《中国学生发展核心素养》明确表示中国学生发展核心素养以培养"全面发展的人"为核心，分为文化基础、自主发展、社会参与三个方面，综合表现为人文底蕴、科学精神、学会学习、健康生活、责任担当、实践创新六大素养，具体细化为国家认同的十八个基本要点。而鉴于学校的学生情况来看，目前急需培养的是"学会学习"这一核心素养。学会学习，主要是学生在学习意识形成、学习习惯的养成、学习方法选择、学习进程评估调控等方面的综合表现。具体包括信息意识、乐学善学、勤于反思等基本要点。

基于此，我们课题界定为：利用学校现有的信息技术环境如班班通、录播教室、Wi-Fi等来培养学校学生（含中小学）"学会学习"的三个基本点"信息意识、乐学善学、勤于反思"。其中，信息意识是指能自觉、有效地获取、鉴别、使用信息，具有数字化生存能力，主动适应"互联网+"等社会信息化发展趋势。乐学善学是指学生具备浓厚的学习兴趣、能养成良好的学习习惯、掌握正确科学的学习方法。勤于反思是指学生善于总结经验、能够根据不同情境和自身实际、选择或调整学习策略和方法。

中期报告（摘编）

五、课题研究内容

1.以信息技术与学科教学、与主题活动融合带来的巨大变革为切入点，以信息技术快速便捷的解决学习、生活中的实际问题为增长点，强化学生的信息意识。

2.以常规教育教学活动为依托，以分月主题活动为载体，多角度搭建信息平台，可以培养学生学习兴趣，调动学生乐学的积极性。

3.以课堂教学为主阵地，以寻找恰当的学习方法为契机，创设善学情境，可以培养学生良好的学习习惯，提升学生的善学品质。

4.以网络环境为媒介，以主题教育活动为动力，将实践与反思常规化，将反思与体验经常化，促进学生勤于反思习惯的形成。

六、课题的研究方法

本课题以课程整合思想、创新教育理论、认知心理理论为指导，采用以下几种研究方法。

1.调查研究法：

（1）问卷调查：在课题确立之初就在全校学生间围绕"信息技术掌握和运用、学生学习兴趣和良好学习习惯"进行问卷调查，整理后形成数据分析，确立研究方向。在课题研究的总结阶段，再次对全校师生进行问卷调查，前后两次数据进行对比，得出研究结论和推广建议。

（2）座谈调查：在课题开始之初，对全校老中青不同年龄段的老师进行抽样座谈，就他们运用信息技术进行课堂教学相关情况进行座谈，大致了解我校教师运用信息技术的水平和运用的广度与精度。

2.行动研究法：

（1）成立课题研究小组，明确分工。

（2）召开课题会议，撰写课题申请评审书、研究方案和开题报告。

（3）开展微课、电子阅读培训，提高教师信息素养。

（4）在行动研究阶段，我们通过课堂教学与信息技术融合和信息技术与主题月活动融合的方法来提升学生的核心素养。

3.文献研究法：

（1）收集和征订文献、书籍进行强化学习。

（2）借助安徽省教育资源平台组织全体教师进行理论学习。

（3）借助网上论文网页学习了解课题相关国内外研究的现状，为我们课题的研究提供参考。

4.经验总结法：

（1）掌握有关参考资料，借鉴他人的有益经验。

（2）定期开课题会，成员进行前期工作的经验总结和反思。

5.跨学科研究法

（1）课题研究目的在于提高学生核心素养，而学生核心素养的形成是各学科形成教育合力的必然结果。

（2）课题组成员利用单学科优势，在信息技术环境下破除学科和专业间的狭隘门户观念、开阔视野，培养学生核心素养。

结题报告（摘编）

七、课题的研究成果

1.学生的整体学习兴趣、学习习惯、学习方法、在实践中勤于反思、对信息技术和互联网的正确选择、运用的意识较之前有了明显的提升。参见图E-1。

2.在研究的过程中，我们探索出课前"借助信息技术自主预习"——课中"借助信息技术进行小组合作探究"——课后"借助信息技术完成学习任务"的模式。

实践表明，这种模式在高年级的学生身上的效果很明显，信息技术环境很好地提供了丰富的资源库，打破了以往知识来源于教材和老师的局限，老师不再是被架在高高的神坛上，让学生知晓，他们自己可以通过一些平台和自身的努力获取他们想要知道的知识，他们自己是学习的主体，老师只是一个引导者的角色。

这种模式还打破了时空的限制，让学生的学习可以无时无刻，随时随地，课堂的45分钟不再是学习的唯一时空，微课、微信平台、作业APP都可以让学生的学习有法可循，无形当中，学生"学会学习"的素养就被大幅度地提升。

3.全校教师，尤其是课题组成员，在研究的过程中专业素养极大提高。参见图E-2。

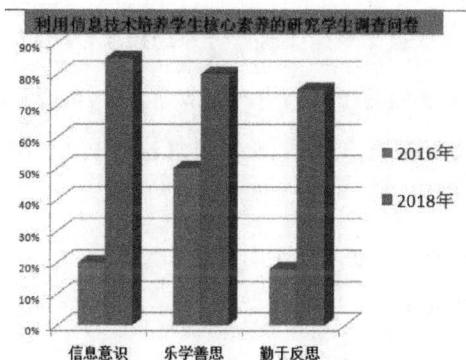

图E-1　调查统计结果显示（一）

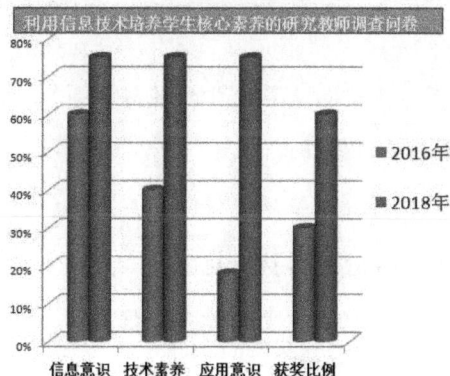

图E-2　调查统计结果显示（二）

4.学生的核心素养在各级各类比赛中得到体现。

学校开展的网络环境下的分月主题活动，使学生在课外时间利用网络环境进行各种拓展性学习，大大提高了学生处理运用网络信息的能力。我们在研究中发现，各项主题活动不仅能丰富学生的知识面，拓展思维力，还能有效地促进课业知识地学习。如：对课本教材内容进行重组，利用班级微信朋友圈、学校网页等晒学生在活动中所取得的优秀作品，如学生作文集、美术作品集等。同时我们平常的培养也让学生在校级、片区级、市级、省级比赛中频频获奖。

5.课题成果资料附录：

（1）结题报告。

（2）课题成员论文、专著：

论文《初中物理实验教学中学生科学素养的培养》（《青苹果》）；

论文《浅谈网络媒体视角下的初中历史教学》（《教育科学》）；

论文《初中语文阅读教学中授课教师应注意的几个问题》（《中学课程辅导》）；

专著《养育语文的实践探索》（南方出版社）。

（3）学生优秀作品集：

《风铃草的自述——优秀作文集》；

《风铃草的自述——书画作品集》。

（4）师生获奖证书。

（5）《网络环境下学生核心素养之学科论坛实录》。

（6）网络环境下主题月活动成果：

《信息技术让学生的核心素养插上翅膀（一）》；

《信息技术让学生的核心素养插上翅膀（二）》；

《顺着台阶往上走——中小学生阅读书目推荐》。

八、课题研究结论

课题历经两年的研究和探索，结果是成功的，我们探索出：利用信息技术与课堂教学融合、与课外活动融合以及课前"借助信息技术自主预习"、课中"借助信息技术课堂小组合作探究"、课后"借助信息技术完成学习任务"的模式来培养学生"学会学习"的核心素养的方法。从最后的调查数据来看我们的研究成效是较显著的。

六、名师工作室

（一）合肥市江淮学校"蜀山区中学思想品德名师工作室"

2016年11月8日上午，揭牌仪式在江淮学校隆重举行。工作室的职责：开展中学思想品德学科的课题研究，推广中学思想品德学科教育教学成果，培养优秀中学思想品德教师和开发整合教育教学优质资源等方面工作。江淮学校中学思想品德教师代表姚莉发言，在学习和工作中以名师为榜样，积极实践，不断反思，不断探索，努力成为一名研究性教师。江淮学校张曙校长高度肯定名师工作室在江淮学校挂牌的意义，强调名师工作室在江淮学校挂牌既是一种精神的引领，又是广大师生向学向善的榜样，更是促进青年教师零距离、多角度学习教学技能的机会，希望名师工作室的建立是实实在在的一种互动行为，而且要求学校思想品德教师能站在巨人的肩膀上，把握机会，实现教学教研同步提高、技能技法同步发展、分数课例同步上升。

名师工作室主持人：杨使兵，中共党员，安徽师范大学全日制本科毕业，教育硕士学位，合肥市专业技术拔尖人才，蜀山区政治教研会常任理事，教研组长，连续十五年从事初三毕业班思想品德教学，中考成绩显著，一直在蜀山区名列前茅，多次被学校授予"中考特别贡献奖"，最近几年一直位居蜀山区前列。所在教研组多次被评为"先进教研组"，校基本功大赛多次获一等奖。多次担任初中思想品德学科中考指导会主讲，在各类杂志、报纸公开发表学术文章几十篇，其中在《中学生时事政治报》发表稿件近百篇，是其特约撰稿人。

杨使兵思想品德名师工作室活动摘要：

2017年9月28日杨使兵名师工作室在合肥市江淮学校开展活动。活动邀请了合肥市教科所课题规划办主任方惠进行课题研究指导。方惠围绕课题研究的背景、意义、目标、内容、方法、创新点、课题研究过程等方面进行了专业性指导，强调课题研究要服务于教育教学，服务于学生，服务于教师，踏踏实实研究，实实在在解决问题。侯新旺就教研组建设指出，初高中教研组建设既要务实、接地气，又要有品味、上档次，教研工作应"做实事、重积累、善表达"，要齐心协力将教研组打造成一个成长共同体，为教师的专业化发展搭建平台和机会。

2017年11月20日杨使兵名师工作室在琥珀中学琥珀山庄校区阶梯教室成功承办合肥市中学思想品德教研活动。合肥市教科院政治教研员卢庆生、全市各县区思想品德教师近260人参加。内容包括教学研讨课、专题讲座和专家点评三个部分。五十中南校副校长傅立冬向大家展示《可持续发展，生态文明》公开课并组织研讨。杨使兵就《十九大报告与九年级思想品德教学融合》作专题讲座。

2018年3月8日上午，杨使兵名师工作室走进合肥一中开展研讨活动。杨使兵介绍目前初中道德与法治学科的整体架构、教学体系以及教学中存在的困惑。侯新旺介绍新课标下高中思想政治学科的教学核心内容。双方重点研讨基于核心素养下，初中道德法治学科教学内容与高中思想政治学科教学内容如何更好地有机衔接与融合。

（二）合肥市初中语文金星闪名师工作室

2017年1月5日上午，挂牌仪式在合肥市江淮学校隆重举行。张曙校长用一个形象的比喻"凤凰来了，把窝建在了江淮"，表达了对市教育局把金星闪名师工作室建在江淮学校的热烈欢迎和由衷感谢，同时，他希望工作室的成立不仅能够提高江淮学校语文学科教研能力，还能够"以点带面，辐射到各个学科"，让学校青年教师都能够得到精神的引领，提高教育教学水平。

名师工作室主持人：金星闪，男，安徽庐江人，祖籍安徽舒城，笔名云鹤。安徽省首批正高级教师，省学术和技术带头人，享受省政府特殊津贴，江淮名师，合肥市金星闪名师工作室主持人。践行"养育语文"的教学主张，长期从事中学语文教学研究。主持国家和省级课题五项均结题并获奖。在北大认定的核心期刊发表学术论文20多篇，教研文章500多篇，著有《作文教学的起点》。主编图书27部，参编144部。国内多所大学"国培计划"中小学语文国培班学员指导专家。

金星闪语文名师工作室活动摘要：

开展"观课议课"活动。2018年3月19日工作室全体成员和蜀山区骨干教师代表齐聚江淮学校明德楼五楼会议室，市教科院吴申道、蜀山区教体局语文教研员刘文芬应邀出席。此次活动扎实有效，是继送课、辩课、读书交流会等活动之后规模较大的集体教研活动。

观摩安徽省初中语文优质课评选活动。2018年4月16日金星闪率领工作室部分成员、庐江四中部分语文骨干教师和合肥50中部分语文骨干教师驱车前往安徽宣城，观摩历时四天的安徽省初中语文优质课评选活动。此次活动以"聚焦核心素养，弘扬立德树人"为主题，旨在探索语文教学规律。

联动开展部编版教材"同课异构"活动。为探讨初中语文课堂教学规律，进行"养育语文"的实践探索，追求高效课堂，充分发挥市名师工作室的示范、引领、辐射作用，2017年9月8日合肥市金星闪名师工作室和合肥市杨正霞名师工作室齐聚合肥市江淮学校阶梯教室，举办部编教材"同课异构"课例（语文七年级上册《金色花》）研讨会，由合肥市教科院指导，合肥市70多名初中语文骨干教师参加，邀请全国中语会副理事长杨桦老师、合肥市教科院陈明杰院长莅临指导。

七、"新优质学校"建设

学校于2015年12月申报创建合肥市第三批新优质学校。在前期创建工作中付出了努力，取得了初步成效。今后将不断完善规划，积极落实各项创建措施，进一步拓宽"共营"教育渠道，努力将"共营"教育渗透到学校各项工作中，努力建设新优质学校，提高学校办学品质，打造"美丽校园"。

附："新优质学校"建设材料

聚焦"共营"文化，提升办学品质

——合肥市江淮学校创建新优质学校三年规划（摘编）

第一部分　学校的基本概况和办学现状

一、学校概况

合肥市江淮学校是一所九年一贯制公办学校，中小学段分别为合肥市第五十中学和合肥市安居苑小学分校。学校原名为江淮仪表厂职工子弟学校，创办于1961年。学校位于"五里飞虹"西畔，环境优美，布局合理。建筑面积一万三千平方米，建制为36个班，可容纳1 600名中小学生。学校现有学生612人，18个教学班。教职员工52人，平均年龄36岁，教师学历达标率100%，高级职称15人。学校面积大，学生人数少，属于发展中学校。

二、办学优势分析

1.学生品性纯朴，学习动力足，合作意识强。

学校大部分学生来自进城务工人员家庭，这些孩子出生农家，淳朴善良，能吃苦耐劳，勤奋进取，对知识渴求度高，有责任感，懂得感激和回报，自理能力与合作意识有别于其他学校。

2.教师队伍年轻有活力，凝聚力强，发展潜力大。

学校教师年龄平均36岁，充满朝气。他们自我发展的劲头足、意识强，能主动报名参加国家、省、市、区各级教育教学类比赛，获奖数量逐年递增。2015年较2014年同比增加13.72%；获奖等级也有所提升，由原来的区、市级发展到国家级。大小比赛，学科组教师都能全程参与，群策群力，充分展示了学校教师巨大的发展潜力。

3.学校硬件条件优良，班级规模小，周边优质教育资源丰富。

（1）学校硬件资源优厚，生均占有率高。

学校配有标准化功能教室、风雨操场、塑胶跑道、篮球场、排球场、乒乓球台，还有区属学校独有的50米钢架雨棚和较大的室内图书馆，为教育教学提供了良好的硬件条件。

（2）学校实行小班教学。

小班教学是学校历年来的一个特色，班级生均不超过35人。学校因势利导，因材施教，学习氛围好，课上人人有机会，课下个个受关注，充分展示学生的个性特长。

（3）周边名校资源丰富。

学校半径500米内有区内名校安居苑小学，西园小学，50中东、西校，优质资源丰富。部分校级干部和中层由50中和安居苑小学派遣；与名校之间定期开展有关学校管理、教研、教学等方面的系列活动，为提高学校的教育教学质量提供了有力的保障。如邀请西园小学、安居苑小学名师和50中各区校长到学校来做关于班级管理和学校管理的专题讲座等。

三、学校发展中存在的问题

1.学生整体素质不高，自信力不足。

学校学区范围仅限于江淮仪表厂厂区，因毗邻名校，部分优质生源流失。学校作为农民工子弟定点学校，进城务工人员子女占在校生比例高，生源质量差，部分学生文化基础弱，知识面窄，行为习惯不好，自信心不足。

2.各学科教师专业素质不均衡，没有团队效应。

学校学科教师教学和教研能力不均衡，学科之间实力悬殊。语文、数学实力较强，部分学科缺少专业引领，个别学科出现"单人单科"现状，没有形成浓厚的教研氛围。

3.学校积淀不足，家长渴望子女上名校，办学压力大。

学校有几十年的办校历史，但立足点不高，视野不宽，管理特色不明显，课程建设方向不明确，家长渴望子女上名校，办学压力大。

第二部分　学校创建目标

一、办学理念

鉴于学校现有的状况和发展需要，依托本次创建新优质学校的契机，通过申报过程中自上而下、自下而上的反复思考和提炼，提出了"共营走向共赢"的办学理念、确立了"三风一训"的办学名片。

校训：求真　扬美　崇善

校风：明礼　进取　创新

教风：专业　敬业　乐业

学风：勤学　敏思　笃行

二、学生发展目标

学校通过对育人价值的深入思考，从学生的终生发展和全面发展角度，提炼出"求知有兴、举止有型、交往有信、健身有行、生活有心"的"五有"学生培养目标。

三、教师发展目标

把"严谨治教，恒学善思，宽容大爱，合作共进"作为教师的发展目标，努力打造一支"专业、敬业、乐业"的教师团队。

四、学校发展目标

通过"一个转变、二个提高、三个强化"三年规划的实施（"一个转变"：转变学校在社区、学区居民中的印象。"二个提高"：提高教育教学质量；提高生源质量、增加学生数量。"三个强化"：强化制度管理；强化教学管理；强化特色管理），全面提升教育教学质量，不断创新工作思路，力争把江淮学校办成"学生有特长、教师有特点、课程有特色"的优质学校。

第三部分　创建项目和推进措施

一、项目名称

聚焦"共营"文化，提升办学品质。

二、项目内容

学校确立了"合作共营"的创建思路，倡导教师、学生和家长都是学校"经营"的主体，齐抓共管，共同成长。通过引导学生互相帮助、合作学习的"生生共营"方式来培养学生多项能力；通过骨干帮扶、师徒结对、课题引领的"师师共营"的方式促进教师专业发展；通过建立实验基地，搭建师生活动平台，以"师生共营"的方式来提升师生幸福指数；通过借助家长资源、联系社会力量，形成家校合力的"家校共营"的方式构建合作伙伴关系；通过聚焦共营文化实现学校的"一个转变、二个提高、三个强化"的三年规划，实现办学品质阶梯式发展。

1. "生生共营"——培养学生多项能力。

2. "师师共营"——促进教师专业发展。

3. "师生共营"——提升师生幸福指数。

4. "家校共营"——构建合作伙伴关系。

附："新优质学校"建设材料

张曙校长代表合肥市第三批新优质学校发言稿（摘编）

在困境与挑战并存的形势下，恰逢"新优质学校"的创建，对江淮学校来说，这是一个支点，更是一个履新的起点。为了能乘上新优质这班大轮，我和我的同事们度过了很多个不眠之夜，放弃了很多个周末休息时间，2016的跨年夜我们是在办公室里一起度过的。尽管有艰辛，尽管那段时间里有迷惑，尽管跨年夜的鞭炮声模糊我们的眼睛，但信念始终在心，任务始终在肩。为了能准确地拟定符合校情的三年规划，为了使办学理念、实施项目和具体措施更具操作性，科学性和有效性，我们大小会议开了27次，改稿近20回，一次次被否定，一次次爬起来，冥思苦想中虽有些彷徨，但反复酝酿中收获的是坚定，直到最后环环相扣，首尾呼应。通过申报过程中自上而下、自下而上的反复思考和提炼，最终确定了以"共营"走向"共赢"作为我们的办学理念，以"聚焦共营文化，提升办学品质"作为我们的创建项目。目前，我们已是"新优质学校"大家庭中的一员，这应该是全体老师一次精神洗礼的历程，更是一个跨大台阶、登高望远的使命！

短短几个月的努力，新优质的巨大推进作用在江淮学校的角角落落已初成气象。学校以"三化一心"为抓手，深入开展工作。

合肥市江淮学校创建新优质学校中期自评报告（摘编）

一、创建理念

在新优质创建工作中，学校创新办学思想，积极开展"共营"教育，努力促进学生健康成长，确立了"聚焦'共营'文化，提升办学品质"的创建理念。

"生生共营"培养学生多项能力；"师师共营"促进教师专业发展；"师生共营"提升师生幸福指数；"家校共营"构建合作伙伴关系。希望通过"共营"文化的打造，为孩子健康成长营造优良的环境，为教师专业成长搭建发展的平台，逐步提升学校办学品质。

二、创建规划

学校自申报创建合肥市第三批新优质学校以来，以分月主题活动为抓手，三月科技月、四月阅读月、五月督学月、六月校园文化月、七八月社会实践月、九月体育竞技月、十月教学月、十一月家长开放月、十二月英语月。通过各项主题活动的开展，认真落实创建理念，努力达成创建目标。

三、实验项目推进

（一）"生生共营"

（二）"师师共营"

（三）"师生共营"

（四）"家校共营"

（五）名师工作室建设

（六）创新实验室建设

四、创建成果

1.借助创建新优质学校的契机，优化办学条件。

2.课题研究结题。

3.书目研究成果编订成册。

4.分月主题活动编订成册。

5.名师工作室工作推进及成果汇编。

6.学校、教师、学生取得的荣誉。

五、问题与不足

1.教师专业发展方面，缺乏名师骨干的引领。

2.学校的制度建设亟须完善。

3.学校课程建设整体发展不平衡。

4.生源质量差距较大，家长重视度低。

六、今后努力方向

"四大共营"具体措施

1.生生共营

·江淮学校开展"三爱三节"主题班会活动

·江淮：阅读提升气质，智慧点亮人生

·江淮小记者零距离采访国学大师于丹

·江淮学校召开学生团队干部管理经验、常规检查问题交流反馈会

- 江淮"空间创客"社团荣获区社团评比特等奖
- 江淮学校开展青春期健康教育讲座
- 江淮学校举行首届广播体操比赛
- 江淮：雷锋精神传社区　合作共赢暖人心
- 江淮学校科技活动月系列活动——筷子夹球比赛
- 江淮学校科技活动月系列活动——科幻画比赛
- 江淮学校科技活动月系列活动——走进中科大
- 江淮学校阅读月系列活动：江淮四月天，芳菲读书月
- 江淮学校利用班会课开展"小手拉大手　共创文明城"为主题的班会
- 江淮学校："喜迎十九大，做党的好娃娃"少先队入队仪式
- 绳采飞扬——江淮学校体育竞技月之跳单绳比赛正在进行中
- 合肥市江淮学校开展爱国主义电影进校园活动
- 江淮学校举行"悦读"系列活动之"阅读达人秀"

2.师师共营

- 借力翅膀，助我飞翔——江淮学校校聘督学进课堂听课、评课
- 新学期　新起点　新征程——小学数学组教研活动报道
- 江淮学校举行校级督学聘任仪式
- 江淮学校：校际交流促发展　同课异构展风采
- 十二位督学齐聚江淮，问诊课堂把脉校情
- 江淮学校暑期校本培训火热进行中
- 江淮学校召开新进教师培训会
- 江淮：推门听课，助推青年教师成长
- 江淮学校隆重举行班主任工作经验交流会
- 江淮：教学开放已谢幕，教研提升在路上

· 江淮：青年教师展风采 锤炼磨课促成长

· 江淮学校：江淮"督学月"，外教来助阵

· 江淮学校召开2017—2018学年教育教学专题会议

· 江淮学校开展录播教室使用培训

· 不忘初心战前线，立足学情商对策

· 江淮学校召开规范办学行为专题会议

· 江淮学校召开"交流·分享·成长"班主任工作经验交流会

· 反思 前进 成长——江淮学校小学部学业评价分析反馈会

3. 师生共营

· 江淮：举行"致敬中国女排，展望江淮未来"开学典礼

· 合肥市江淮学校多种形式组织学生观看开学第一课

· 江淮学校举行2017年春季开学典礼

· 合肥市江淮学校举行"我的中华骄傲"开学典礼

· 区委书记李学明莅临江淮学校看望授课的科学家

· 江淮学校：入团积极分子培训会顺利开展

· 新团员入团宣誓仪式隆重举行

· "喜迎十九大，做党的好娃娃"少先队入队仪式

· 春游欢乐岛

· 江淮学校：感受移动科技

· 江淮学校与安农大联合开展教育实践活动

· 江淮学校优秀学子走进中科大

· 江淮：激情飞扬 闪耀金秋

· 运动健儿洒英姿 强身健体赢未来——合肥市江淮学校举行2018年春季田径运动会

4. 家校共营

·齐心协力，众志成城——准学校拔河比赛圆满结束

·坚守岗位　家校沟通——合肥市江淮学校风雪中开展家访活动

·江淮学校举行一年级新生家长会

·江淮学校召开毕业班家长会

·江淮学校开展家长开放日活动

·江淮学校举办"共享文化遗产，彰显非遗魅力"非遗进校园专场活动

·江淮：开设"挂钥匙的教室"

·江淮学校开展禁烟日宣传活动

·远离毒品、拒绝毒品、消灭毒品

·社区"小帮客"，冬日送温暖

·江淮学校"畅想合唱团"走进万科金域华府社区

·2016年江淮学校暑假致家长的一封信

八、"美丽校园"建设

为促进学校"创新、协调、绿色、开放、共享"发展，更好地满足人民群众对优质教育的迫切需求，为"美丽中国""美丽合肥""魅力蜀山"建设做出应有贡献，努力办好群众满意的学校，奋力打造江淮学校教育品牌，根据区文件精神，结合学校实际，制定学校"美丽校园"创建活动实施方案。

学校精心设计16块展板，图文并茂，充分展示校园之美。参见图2-1至图2-16。

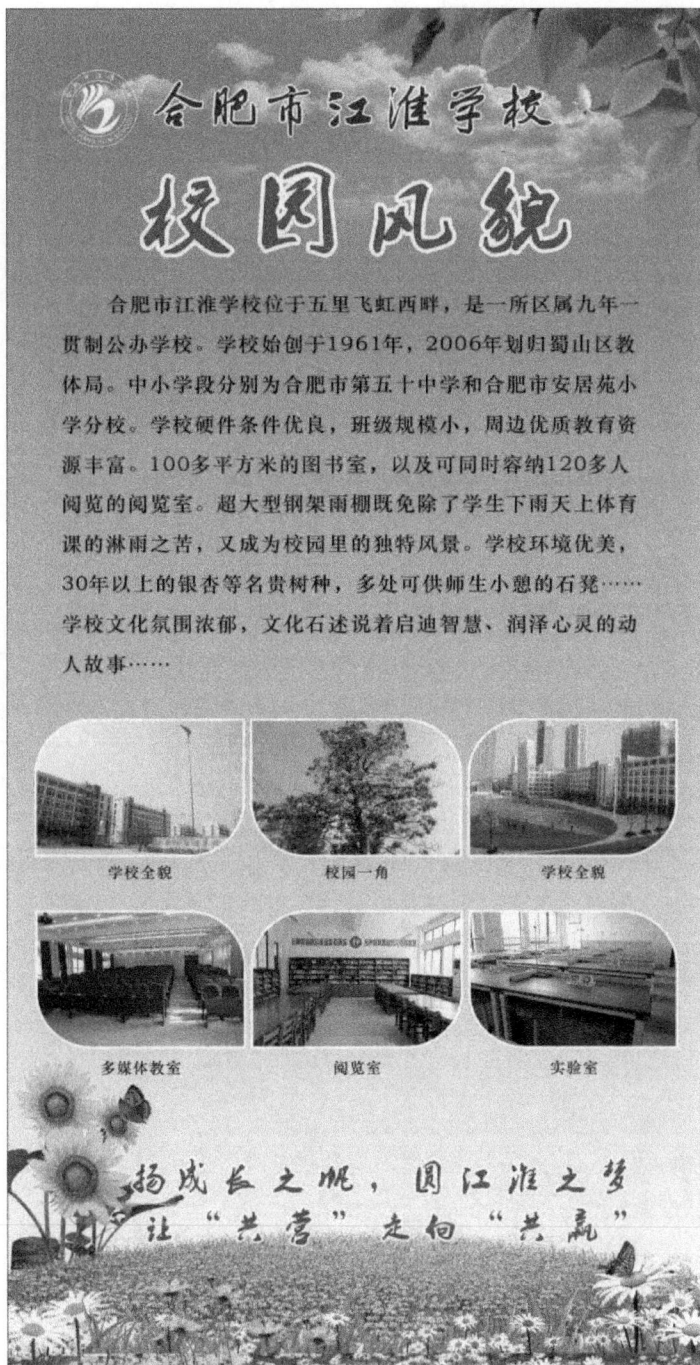

图2-1 合肥市江淮学校"校园风貌"展板

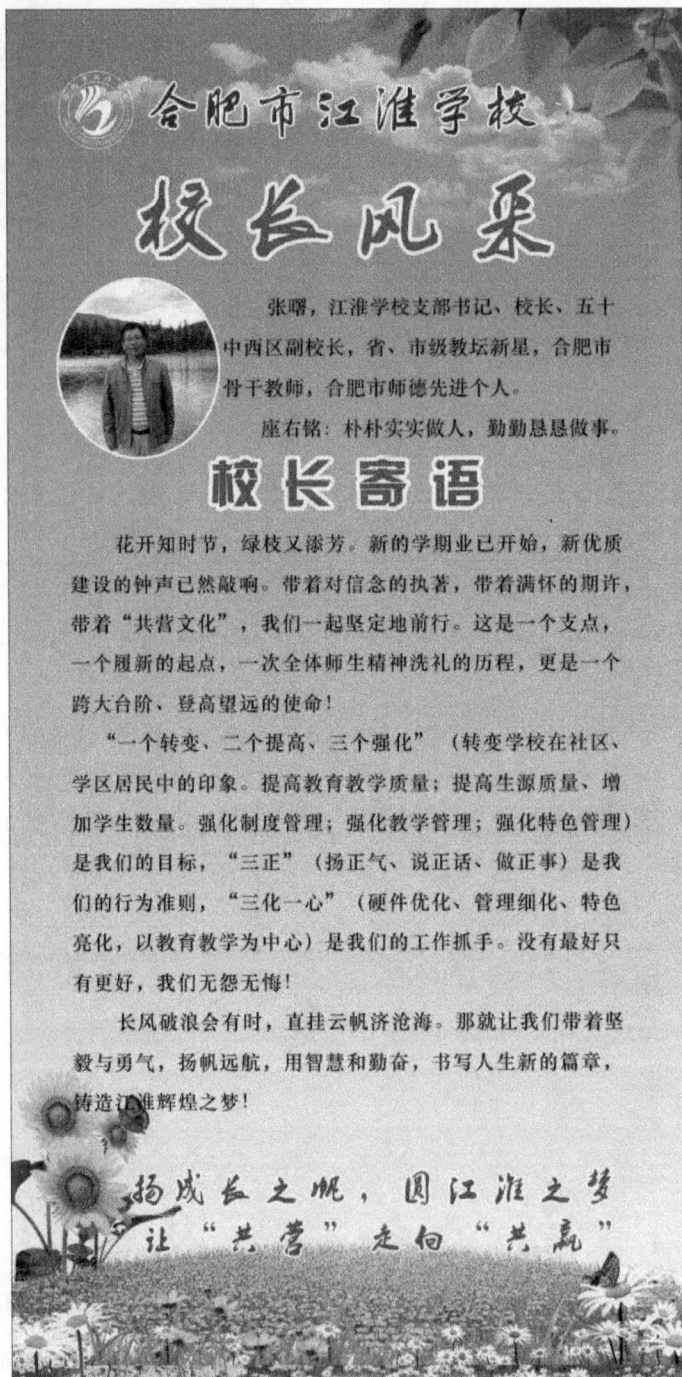

图2-2 合肥市江淮学校"校长风采"展板

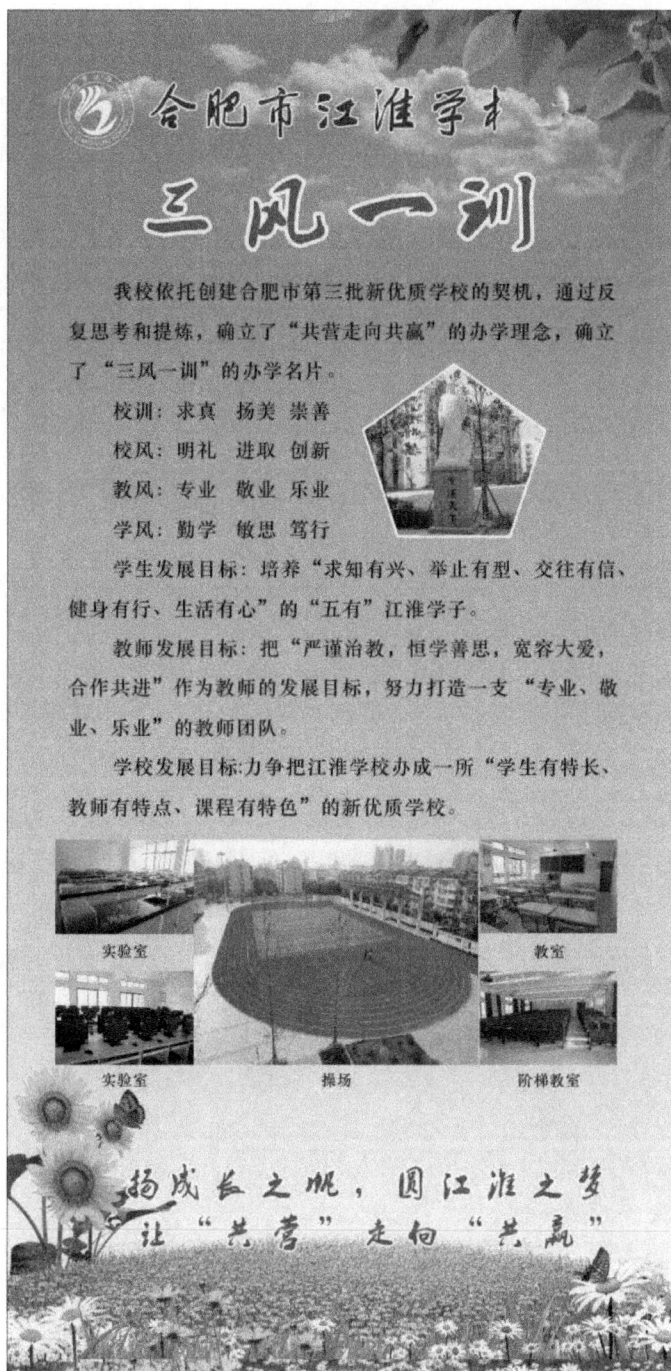

图2-3 合肥市江淮学校"三风一训"展板

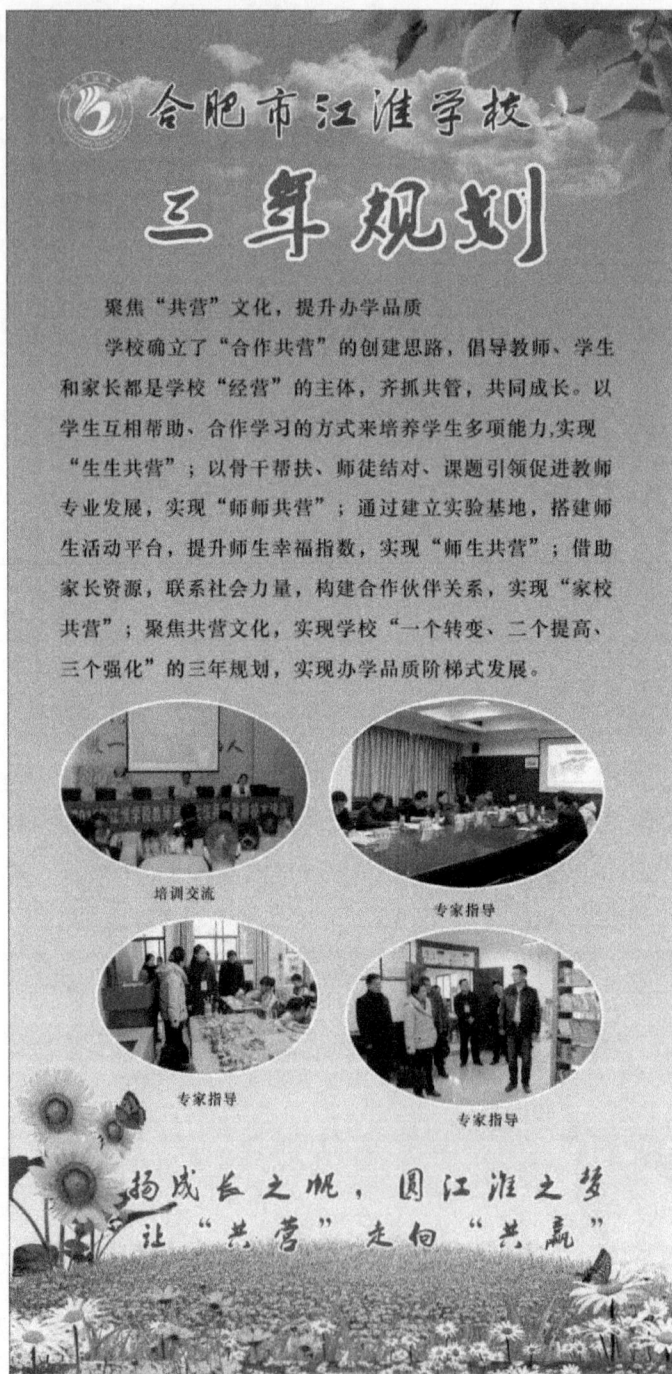

图2-4 合肥市江淮学校"三年规划"展板

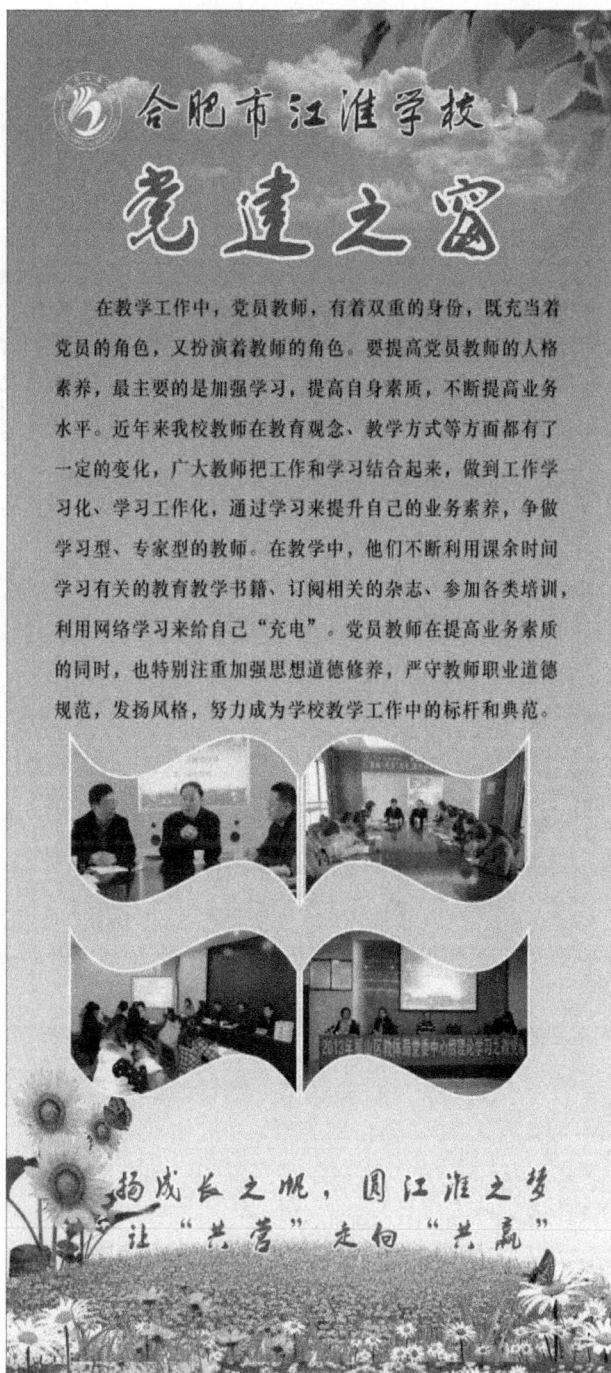

图2-5　合肥市江淮学校"党建之窗"展板

图2-6 合肥市江淮学校"精细管理"展板

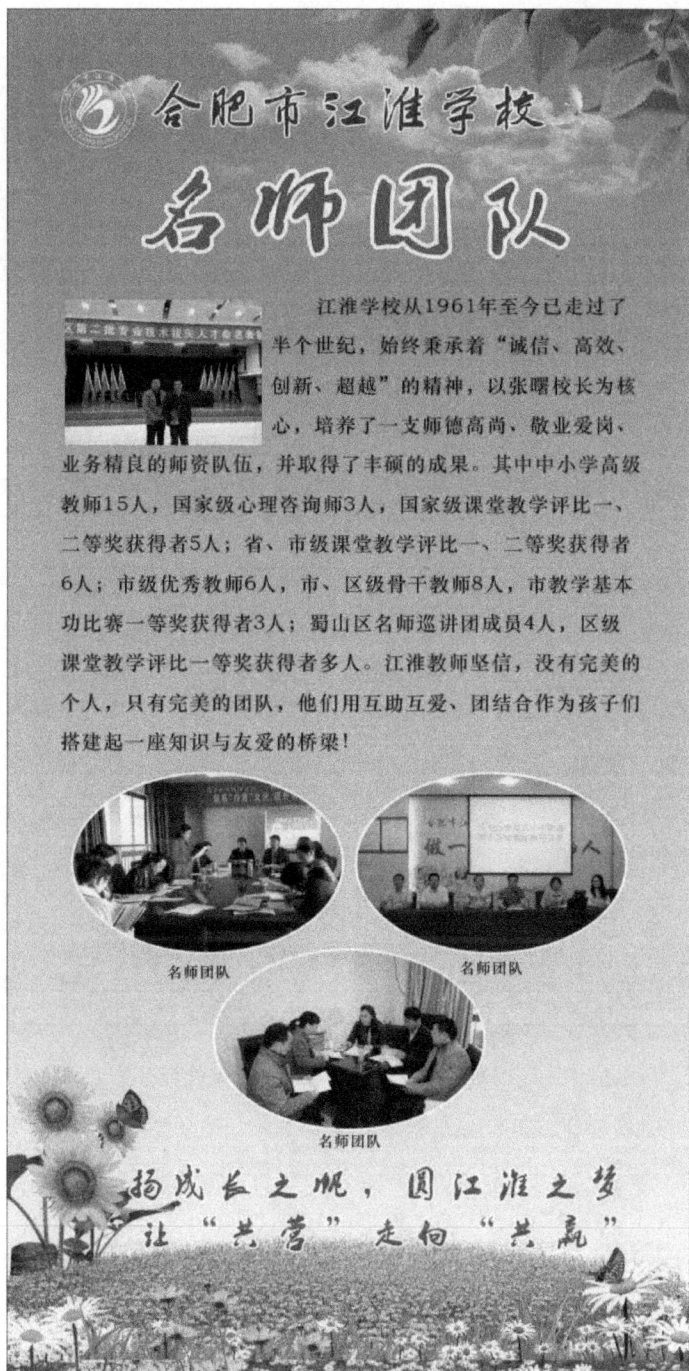

图2-7 合肥市江淮学校"名师团队"展板

图2-8　合肥市江淮学校"师德师风"展板

图2-9　合肥市江淮学校"课程立校"展板

图2-10 合肥市江淮学校"高效课堂"展板

合肥市江淮学校

社会实践

"纸上得来终觉浅，绝知此事要躬行"。社会实践活动是中小学德育的重要载体，是深入推进素质教育的有力抓手。我校组织开展了丰富多彩的社会实践活动，让学生接触自然、了解社会、拓宽视野、丰富知识，提高社会实践能力和综合素质，同时也减轻学生过重课业负担，培养学生兴趣爱好，丰富学生课余生活。我校以学生为实践主体，发挥教师的指导作用，抓住时代特征，严守安全问题，注重引导学生"聆听窗外的声音"：工业游、假日雏鹰小队、学雷锋系列活动、我是小小志愿者、关爱聋哑儿童、各种主题班会、学生社团等实践活动的开展，在学校、家庭、社会中效果显著、反响热烈。

"传递正能量，和国旗一起飘扬"
的开学典礼　　　　　　快乐三国游

"开启静音世界，　　春蕾计划　　以团带队，听党指挥，让红领
让爱流入无声世界"　　　　　　巾更加鲜艳——合肥市
的主题活动　　　　　　　　　　江淮学校入队仪式

扬成长之帆，圆江淮之梦
让"共营"走向"共赢"

图2-11　合肥市江淮学校"社会实践"展板

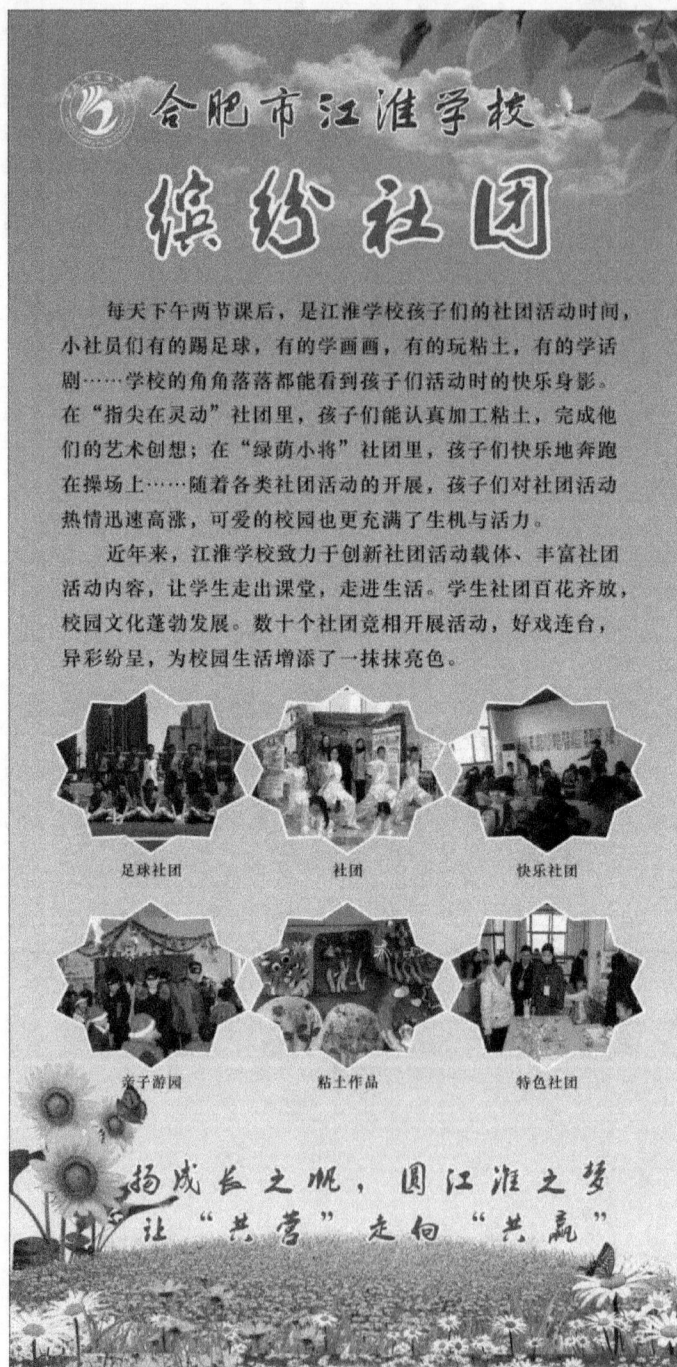

图2-12　合肥市江淮学校"缤纷社团"展板

泰戈尔说：当乌云被阳光亲吻时，他们会变成天空的花朵。课题研究是每一所学校的阳光。在阳光的照耀下，学校各项工作如花般灿烂开放。江淮学校的课题研究，凸显学校的特色，研究学校发展中存在的问题，探索解决的办法和途径，进一步促进学校教育教学的改革。学校搭建了由教研处牵头、教研组为单位课题研究模式。学校申报的国家级课题《信息技术环境下青年教师快速成长的研究》已结题，《初中生立体阅读实践研究》课题研究正在进行中，两项课题在准备申报中。课题研究正在改变学校从"经验型"转向"科研型"的教育、教学工作模式。

揭成长之帆，圆江淮之梦
让"共营"走向"共赢"

图2-13　合肥市江淮学校"课题铸魂"展板

图2-14 合肥市江淮学校"校际联盟"展板

图2-15 合肥市江淮学校"家校合力"展板

图2-16 合肥市江淮学校"创建新优质"展板

根深叶茂植沃土，栉风沐雨育栋梁。合肥市江淮学校以造福一方学子为己任，大力实施素质教育，为学生们构建明礼守信的道德大厦。"雄关漫漫真如铁，而今迈步从头越"。江淮学校正乘着"美丽校园"创建的东风，迎着教育改革的朝阳，豪情满怀，迈向更加辉煌的明天。

第四节　以教育教学为中心

　　教学常规是学校教学工作的基本规范，常规工作是教师教学工作的底线。学校为建设高效课堂，提高课堂效率，实施推门听课、校内公开课、校外公开课"三课"模式，师徒结对，名师帮扶，督学把脉，从而博采众家之长，打造教学团队，取得显著效果。

一、三课模式，固化常规

（一）推门听课，助推青年教师成长

　　学校成立了以校长任组长，分管副校长、教研处、教导处和教研组长为成员的"推门听课"小组，制订听课方案，确定听课评分标准。全面展开，全员参与。

　　推门听课活动的开展，有利于学校了解教师平时真实的教学情况，收集多方面的资料，为教学评估和教学指导打下坚实的基础，极大地发挥了学校教学骨干指导教学、服务教学的作用，增强了全体教师精心备课、潜心教研的自觉性，有效推动了全校课堂教学工作的发展。

（二）校内公开课

　　为进一步加强课堂教学研究，促进青年教师教育教学水平的整体提高，学校开展了为期一个月的校内公开课展示活动，涵盖了小学语文、数学、英语、体育、音乐、美术6个学科，以及中学语文、数学、英语、政治、地

理、历史等学科，听后及时评课。每次评课，学科组内教师必须人人参加，每组均有一位主评人。

（三）校外公开课

为进一步搭建校际交流和教师成长的专业平台，提升教师的课堂教学水平，展示教师的形象，提高学校教学质量，江淮学校与北京市体育场路中学开展"北京—蜀山"两地"同课异构"教研活动。蜀山区教研室副主任廖纯连、蜀山区部分学校初中数学和地理老师参加了研讨活动。

数学学科《勾股定理》为题，江淮学校江卫三老师、北京市体育场路中学李岩老师分别授课。地理学科以《中国的行政区划》为题，江淮学校叶传勇老师、北京体育场路中学刘雪娇老师分别授课。随后评课，作了多角度、深层次的评点。两校领导表示今后经常性开展校际交流，建立校际交流机制、资源共享机制等。

二、师徒结对，齐头并进

为加快青年教师的成长，提升青年教师的专业化水平，学校决定开展师徒结对活动。由教研处制订方案和计划，在全校举行师徒结对仪式，签订师徒协议书，明确师徒的职责，增强师徒的责任感。

师徒协议中明确规定师傅的职责：①教书育人，为人师表，热爱学生，热爱教育事业，树立高尚的师德形象，在师德、工作态度、教学业务等方面为徒弟作出榜样。②指导徒弟制订好每学期教学计划，期中、期末考试命题及试卷分析等，并在教研组内进行研讨备案。③经常关心徒弟教育教学情况，及时帮助徒弟分析教材的重点、难点、制订教学目标和确定教学方法，要求徒弟写出规范具体的教案。④每月至少听徒弟两节课，课后及时评价。⑤每学期为徒弟开一节示范课。⑥每学期结束前，要写出本学期培养总结。

师徒协议中也明确规定徒弟的职责：①热爱教育事业，热爱学校，关心学生，养成高尚的师德。②每月至少听两节课，其中一节为师傅的课，一节为其他教师的课。③每学期必须上一节汇报课。④每学期至少撰写一篇教育教学论文，并写出学习收获。

师徒结对，具体有北京—蜀山校际交流、蜀山区跨校师徒结对、校内三年师徒结对等活动。通过这些活动，徒弟可以尽快熟悉教学业务，节省成长时间。师徒间互相学习，互相监督，共同进步。

三、专家引领，名师帮扶

（一）美国数学家 Daniel David 讲趣味数学课

科学家进校园是学校科技月的一项活动。来自合肥工业大学的美籍数学家 Daniel David 应邀为同学们带来了一堂生动有趣的数学课。他分别从多变的三角形、有趣的阿拉伯数字、黄金分割定律等方面进行有趣的讲解，语言幽默、现场氛围活跃。听课的师生均受益匪浅。

（二）安徽省人社厅范兆清讲人才引进

学校邀请来自安徽省人社厅外国专家局出国培训处的范兆清老师莅校，以《引进国外人才与智力漫谈》为主题，以"为什么引进国外人才""安徽省引进国外人才的现状""安徽省引进国外人才取得的成就"为主线，用通俗易懂的语言，巧妙融合如长丰草莓、奇瑞汽车、科大讯飞、"绿旱一号"旱稻等同学们熟悉的创新实例阐释安徽省"引智计划"。

（三）合肥师范学院陈宏友谈教师发展

学校暑期教师岗位大练兵活动，邀请合肥师范学院陈宏友副教授作名为"信息时代教师职业道德反思和教师职业生涯规范与发展"的讲座，幽默风趣，丝丝入扣，给全体教师带来了许多启发。

（四）教体局王雪梅讲教师成长

学校暑期教师岗位大练兵活动中，蜀山区教体局党委副书记、局长王雪梅莅临，就教师的专业化成长作指导讲话。王雪梅以27年的教育工作经历和自己一直秉承的教育情结切入主题，提出教师发展的途径就是每天坚持阅读、做好职业规划、注重教研反思以及学会团结分享，并把《上海教育》《人民教育》《中小学管理》等专业性强、针对性强的教育杂志推荐给教师们，鼓励大家加入"第一教育"公众微信，观看教育专家讲解视频，随时了解最新国际教育动态，不断提高教育教学水平。

（五）教体局办公室蔡竹平、於新东讲学校宣传

学校暑期教师岗位大练兵活动中，蜀山区教体局办公室主任蔡竹平和蜀山区教体局办公室於新东老师如约担任主讲。

於新东作"教育宣传，让教育持续散发温暖的芬芳"讲座，详细分析校园新闻和教研新闻的写作注意事项，强调稿件的内容要详略得当，要有针对性、实效性，要循序渐进呈献给读者。他还以修改学校老师所写的一篇新闻报道为例，逐一指出问题并给予解决问题的意见。

蔡竹平作"树立良好形象，营造发展氛围"讲座，强调良校园形象对学校的生存与发展具有重要意义，对学校今后该如何展示校园形象、扩大传播途径给出了很多建议，特别指出"老师们要学会把自己当成学校形象的宣传点和传播者"。

（六）50中东校校长靳文和南校校长孙秀芝传授经验

应学校邀请，50中东校校长靳文和南校校长孙秀芝来学校为全体老师做了一次高规格的"交流盛宴"。

靳校长作"精心谱写'五线'曲，齐心高唱'远航'歌"讲座。"五线"即校园安全是红线，学生发展是主线，老师发展是基准线，校园文化是风景线，教育质量是生命线。从以上五个方面诠释50中东校的各项管理举措。

孙校长作"做一名有发展的教师"讲座。现身说法，多渠道提升教师内涵：一是树立正确的职业理想，提升教师专业化水平；二是提高教研能力，

促进教师专业化发展；三是读书学习，加快教师专业化发展。

（七）50中郑成聪、齐丰收、吴玲玲讲德育

为进一步增进了解，学习先进，实现学生管理工作的科学化、规范化，学校邀请50中三位德育主任来校做德育工作经验交流。

50中南校德育主任郑成聪强调，德育工作要做好"五化"，即专业化、宣传实化、活动量化、特色化、安全责任化。德育工作分年级设主题，才能达到事半功倍的效果。放松而不放纵，是学校德育工作的目标，要渗透在校园各处。

50中东校德育主任齐丰收提出，卫生检查、纪律检查等都要充分利用学生自主管理，因为学生更懂学生，学生也更配合学生。"班级之星""流动红旗""文明班级"的颁发使减负增效的成绩显著。

50中西校德育主任吴玲玲提倡"春风化雨，润物无声"进行指导，活动开展要有序有效有成果，特别是"养成教育系列活动"，系统化教育无声融入学校教育中来，这样的德育教育学生大有收获。

（八）蜀山区教体局周艳、廖纯连讲座

学校暑期大练兵活动中，蜀山区教体局党委委员、纪检组长周艳作动员讲话，蜀山区教研室副主任廖纯连应邀给全体教师培训。

周艳组长从学校发展方向、学校工作思路上做了一场具有指导性、操作性的勉励性讲话。周组长的讲话突出在三个方面：①信心、决心与团结心并重；②规范与严格并重；③机遇与挑战同在。周组长字字珠玑，特别强调"制度、品质、执行力、凝聚力"是一所学校发展至关重要的要素。周组长强调：只有以制度管人，以制度管事，一把尺子衡量自己，衡量他人，才能提高学校的执行力，提升学校的凝聚力，才能打造出学校自己的品质，才能使学校上轨道上层次，才能上传下达、同心协力办好教育，赢得良好的公信力。

廖纯连副主任一场温情感人的"关注细节、感动学生、成就教育"讲座

打动了在场所有人。从社会现象引发到德育思考，由个人成长经历谈到班主任的工作方法，说到动情之处，情不能自已，热泪盈眶。富有热情、爱心的廖副主任的工作经历以及个人的成长过程无不印证了一句话："认真的人最有魅力"。

（九）50中王兵、黄山路小学奚晓雯讲座

学校暑期大练兵活动中，50中的优秀班主任王兵老师和黄山路小学副校长奚晓雯老师从微观的学科角度深刻地剖析了教师专业化发展的途径，让在座的教师受益匪浅。

王兵老师作"有成功的课堂教学模式吗？"讲座，他用质朴简洁的语言畅谈了他的6个想法：①50中有没有"快速提分手册"；②学生的成绩出自课堂；③课怎样上才有效；④作业怎样处理；⑤考前怎样复习；⑥我想成为怎样的老师。王老师就"创造性使用教材"与诸多教师交流。

奚晓雯副校长在播放了一个温情脉脉的数字故事《妈妈的笔袋》后，正式进入了讲座。讲座内容分为两大部分：有效教学和提升质量。在有效教学环节，奚校长一方面强调了第一课时教学设计的重要性，并向在座的教师们展示了她在比赛中荣获大奖的两课教学设计：《美丽的丹顶鹤》《水就是生命》，让在座的教师具体细致地学习了课程的设计技巧；另一方面她从"丰富校园生活、享受家庭生活、体验社会生活"三个角度介绍了如何让习作教学更有效。在提升质量环节，奚校长列举了丰富的实例，用生动形象的语言阐释了培养兴趣和评价形式的多元化对于学生的帮助。"图文并茂，用暖暖的音乐导入话题，提出了许多切实有效的方法、策略"，既是评价这场精彩的讲座，又是奚副校长一贯的教学风格。

（十）心理学专家乙姗姗讲教师情绪管理

学校开展心理健康讲座活动，特邀心理学专家乙姗姗老师作"教师情绪管理"讲座。乙老师的讲座从热身游戏开始，掀起现场热烈的气氛，将听讲座的教师的情绪充分调动起来，把新进校的老师快速融入江淮大集体。接着用漫画生动活泼给大家解释心理防御机制，引出"万灵公式"来击破烦恼。从人格测试说起4种人格类型，举例说4种人在情绪反应方面各不相同。遇到问题时，提出3种策略：直面问题、转换观念、自我训练。最后以微课《看见我，温暖你！》结束整个讲座。

（十一）新动态国际英语教学机构系列活动

为了让学生更多地了解中西方文化的差异，感受到西方国家文化的特色，学校举办圣诞节活动，邀请新动态国际英语教学机构新加坡外籍教师Lanz和她的几位助手策划、主持，在具体活动中进行英语学习。

江淮"督学月"，外教Lanz来助阵，在五楼会议室，与小学部四、五年级学生及部分家长欢聚一堂。Lanz为孩子们上了两节活泼风趣的英语课，纯正的发音、幽默的语言、夸张的表情及灵活的教学方法，受到学生们的欢迎。

恰逢"感恩节"，外教Lanz适时选择话题，把感恩教育与英语教学有机结合。地道的英语课，与外教零距离接触，面对面交流，让学生们获得了真实的口语历练，外教的到来使学生们进一步感受到了学外语的乐趣与魅力。

（十二）"江淮有约系列论坛"谈学校发展

学校"江淮有约系列论坛"第三季如期举行，主题是"学校发展"。蜀山区教体局教研室李德山主任、原50中校长冯晓远、原琥珀中学校长郑家模、蜀山区政府专职督学程世明、琥珀教育集团王瞻权校长等应约参加。

众人着眼于江淮学校的未来，畅所欲言，献计献策，从高度的责任感和使命感出发，对学校发展提出了许多宝贵的意见和建议。

冯晓远充分肯定了江淮学校近两年的发展，希望江淮学校全体师生要充满信心，前途是光明的，道路是曲折的。教风是带出来的，教师把书教好才是硬道理。

郑家模认为江淮学校起点低，上升的空间很大。不管现状如何，向上的劲头不能丢。每位教师都是学校发展的主人，要与学校荣辱与共。他还对学校管理提出了很多切实可行的建议。

李德山认为江淮学校的发展势头很好，教学质量逐年提升。他对学校未来发展提出了3点建议：①要加强常规管理，"备教批改考"要常抓不懈；②要加强教研工作，抓教师的专业成长，特别是青年教师的培养；③要注重学校特色，注重校园特色和文化建设。

王瞻权结合自身实际，对转差培优和毕业班冲刺提出了自己的思考。作为学校领导要带头干，要重视家长学校工作，充分宣传学校的发展变化，要抓住学校发展的制高点。

四、校聘督学，问诊把脉

2015年新学期，学校正式聘任50中东校合肥市拔尖人才徐定高老师为督学。开学第一周，徐老师即走进课堂，在一个多月的督学活动中，全体老师把"看、听、问、议、思、写"等教学行为整合为一体，虚心求教，提升素养，活力十足。校聘督学制极大激励了全体教师"比学赶帮超"的工作热情，取得了良好成效。

2016年，在成功的经验基础上，学校又聘请了6位督学和16位学科师父。他们责任感强，教育教学经验丰富，有的是市或区骨干教师，拔尖人才，区域名师，有的是省级教学基本功比赛一等奖获得者，还有的是享受省政府特贴的省部级学科带头人。规模之大，辐射学科之多，成为学校教学教研的一大亮点。

实行校聘督学制，学校用"督学指导、督学评价、督学激励"的形式，每周在学校进行两次定期督学随访活动。随访期间，督学深入学校，深入教师，深入调研，及时发现，及时总结，与领导沟通交流，与教师谈心、听课，参加学校活动等。学校要求每学期督学为全体教师做2~3次教学教研讲座，把好的经验和方法传授给学校的每一位老师。

督学推门听课是江淮学校的一项常态化教研工作，有助于督促教师认真备好每一堂课，促进教师的专业成长，提高课堂教学效率，使教师真正成为推门听课的直接受益者。

课后督学精心为授课老师评课，亮观点，找问题，提不足，要求老师用"真实、自然、有效"来体现自己魅力课堂，使教学生有针对性，层层递进而有严谨性，学生学得轻松、扎实。

五、规范带来成绩提升

基于校情和生情，我们在摸索中前进，在实践中形成了若干管理规范。如：行政人员包联班级，科任老师包联学生；关注学科成绩、更关注心理健康；建立备课组长学科负责制；定期家访，全面掌握学生情况。

（一）小学部规范教学工作

（1）推门听课促成长。学校在校长的倡导下，深入课堂，积极开展新学期"推门听课"活动。

（2）学校举行"我思故我在"小学部全体教师交流会。会上，刚刚参加完蜀山区"聚焦课堂"片级比赛的老师与大家分享了赛课体会。磨课要从教材出发；要通过比赛来提高教师教学素养；品德与社会课可以精心设计丰富多彩的活动；教师在教学中应该积极反思，充满热情，更快提高自身的教学水平。

（3）蜀山区教体局教研室在学校开展汉语拼音专题诊断性教研听评课活动。此次活动，由孙郎平老师和王海琴老师上拼音课，请习友路小学钟鸣副校长和琥珀小学金玲主任担任评课专家。旨在帮助青年教师加强起始年级课堂教学常规管理，帮助青年教师解决汉语拼音教学方面的困惑，帮助年青教师快速专业成长。

（4）学校开展2015—2016学年第一学期期中教师备课和学生作业检查。发现问题，整顿问题，促进教师务实的工作态度，提高教师的教学素养，加强了教学常规管理。

（5）学校小学部数学教研组开展了集体备课研讨活动，由王美艳主备

《平移和旋转》一课。

（6）学校小学部语文教研组开展了集体备课研讨活动，由张磊主备《水乡歌》一课。

（7）"新学期，新起点，新征程。"学校小学部数学教研组开展"小学数学研讨课"活动。《100以内数的大小比较》，由小学数学组集体备课，张正银老师执教。

（8）"小备课，大动作，大收获。"学校小学部语文教研组集体备课，主备课人是周圆圆和王丽红两位老师。首先由两位主备课老师分别以说课的形式向与会者汇报了备课设计、教程、教法。随后其他老师分别做点评，并提出了个人的想法和建议。主持人对备课进行了全面系统的点评，并言简意赅地对活动作了小结。最后校聘督学徐定高作了深有感触的发言，他说了三个"震撼"。第一个震撼是对小语组这样规范性的郑重其事的活动震撼。他给了小语组的"小备课，大动作，大收获"作了高度的点赞。第二个震撼是"小备课"居然惊动了全校领导班子的参加。领导重视教研活动至极，让人震撼。第三个震撼是对年轻的小语教研组长出色的组织能力，备课老师出彩的备课水平，让人震撼。

（9）学校开展期中教学大检查，主要关注老师的备课教案、作业布置、批改情况及教学反思等。此次检查，反映了学校严抓教学的决心。

（10）学校召开小学部教学常规检查反馈会。小学部全体教师参加。江淮学校张曙校长从钻研教材、回归课堂、关注学生方面进行总结发言，建议老师们在关注教学的同时关注学生身心健康的成长，在课堂教学中以人为本，促进学生全面发展，鼓励老师们不忘初心，努力前行。

（11）"家长会也可以这么开！"全校学期中段家长会如期举行。此次家长会除了教师向家长汇报半学期以来的教育教学常规工作、班级取得的各方面荣誉和成绩以及给予家长的建议的常规形式外，有的采取教师代表、家长代表、学生代表悉数登场分享各自经验的形式，有的采取家长小组交流经验的形式。

（12）"家校联动，共筑心灵之桥。"学校为期一周的家长开放日活动拉开帷幕，让家长走进校园，走进课堂，了解学校的管理与发展趋势，了解课堂教学和课改动向，从而更好地配合学校，共同关注每一个孩子的健康成长。

（13）"转折，又一个新的起点。"学校召开六年级毕业班家长会，向家长分析了上学期期末考试成绩，从中找出优劣势，表扬了进步生，鼓励了学困生；针对"小升初"报名，给在座的各位家长做培训，让家长了解需要准备哪些报名材料；介绍学校从硬件到软件、从管理到教学、从学生到教师都在发生着深刻地变化，介绍学校的特色和优势。

（15）学校召开一年级新生家长会。先向家长介绍学校的办学历史、理念文化、教育实践及取得的荣誉等方。随后由合肥市骨干教师、蜀山区家教名师陈海燕老师作"协力合作，为孩子的成长导航"为主题的幼小衔接讲座。

（16）学校推出教学开放周活动，邀请家长代表走进课堂，与师生互动，听评课，参与教学活动。此次活动让家长们更多地增加对自己孩子科任老师的了解，也能充分了解自己的孩子在课堂上的表现。

（二）初中部规范教学工作

（1）学校召开九年级毕业班教师第一次动员会。参加会议的有学校领导和全体九年级教师。本次会议使毕业班教师认清了形势，统一了思想，明确了目标，坚定了信心，为备战中考迈出了坚实的一步。

（2）学校开展九年级毕业班学生体育期中测试。此次测试，为即将到来的中考摸底。

（3）"以青春的名义再出发。"学校隆重召开九年级毕业班期中考试表彰大会，表彰在期中考试中取得优异成绩和显著进步的同学。学生代表徐志远、陶璨、解雯分别在大会上作了学习方法、学习心态、学习目标等方面的交流发言。

（4）"显微镜中分毫厘，实验台上获真知。"为迎接理化生实验考试，学校多方谋划，刻苦训练，充分准备，在2016年实验考试中，以9.91分的人均成绩，书写了建校以来的最好成绩。

（5）学校召开九年级毕业班质量分析会。客观分析，深刻反思，全面总结，对于面临的中考提出更高要求。

（6）学校召开九年级学生家长会。除两名家长因事缺席，其余家长全部参会，同时九年级全体任课教师参会。这次家长会增进了家长对学校工作和自己的孩子在校学习、生活情况的了解，明确家校共建对中考具有重要意义。

（7）学校召开新学期教研组长会。会上解读了教研组长的工作职责及教研工作的各项细则。各教研组长对新学期的教研工作展开了热烈的讨论并对新学期的教研工作确立了新目标。

（8）学校举行"聚焦课堂实践，打造有效课堂"大赛校内评课活动。由校教研处和各教研组统一组织安排，是青年教师走向区级比赛的一次热身。

（9）学校召开中学部家长会。分为两个议程：首先，由张曙校长作"家校联手，共同托起孩子美好明天"的报告；随后，各班的班主任组织召开家长会。

（10）学校举行七、八年级期中考试质量分析会。要求各位老师都能很好地反思自身存在的不足，寻找更好更适合学生的教学方法。

（11）学校邀请颐和中学副校长章蓓蓓来校交流指导青年教师教学，备战蜀山区"聚焦课堂实践，打造有效课堂"大赛。

（12）学校召开初中部教学分析会。分析统考的结果，找原因，提对策；转化后进生，严肃课堂纪律，谈体会，谈反思。鼓励教师要鼓足干劲，团结协作，不断钻研，争取更大的进步。

（13）学校英语教研组开展集体备课活动，由青年教师王迪主备 *Knives and forks are used for most Western food* 一课，备战蜀山区初中英语教师基本功大赛。

（14）学校初中部开展集体备课活动：中学语文组，周丽红主备《生物入侵者》一课；英语教研组，台建会主备课 *What should we do before help arrives?* 一课。

（三）喜报频传，优势凸显

学校 2016 年中考成绩出炉：理化生实验生均 9.91 分，体育中考生均 48.8 分（全市第二名），文化课生均成绩较上年进步了 61.65 分，居蜀山区中上等。一、六、八联招录取率 22%，录取人数超出去年 1 倍，700 分以上学生占 16%，普高达线率 63%，省示范高中录取率 56%，也就意味着有一半以上的孩子都可以上省示范高中。

2016 年"九大优势"助推江淮学校高速发展：

优势一：小班化教学。

优势二：优秀教师团队。

优势三：中考成绩大跨越进步。

优势四：指标到校线下 40 分取消利于学校发展。

优势五：学校有食堂，午间有管理。

优势六：生均教育资源充裕。

优势七：与名校名师互动。

优势八：社团课程进课表。

优势九：校聘督学把脉课堂。

2017 年中考成绩再创佳绩，向家长、社会交了一份满意答卷，亮点频现：

亮点一：2017 年中考最高分 766 分。

亮点二：合肥市一、六、八指标到校线学校 712 分，居合肥市 138 所学校的第 40 名。

亮点三：体育中考，连续两年蜀山区第一名。

亮点四：学科均分逐年上升，思想品德、历史、语文均排蜀山区均分之上。

2017 年"九大优势"助推江淮学校快速发展：

优势一：小班化教学。

优势二：优秀教师团队。

优势三：中考成绩逐年上升。

优势四：分月主题科学有序。

优势五：学校有食堂，午间有管理。

优势六：与名校名师携手共进。

优势七：社团课程进课表。

优势八：校聘督学把脉课堂。

优势九："三化一心"成效显著。

"花迎喜气皆知笑，鸟识欢心亦解歌。"江淮学校2018届初三年级在学校领导 的正确领导下，在全体师生的共同努力下，在全体家长的大力支持下，不断深化素质教育，积极促进学生均衡发展，科学备考，拼搏进取，在2018年中考中取得优异成绩。

2018年"九大优势"继续助推江淮学校快速发展：

优势一：小班化教学。

优势二：优秀教师团队。

优势三：中考成绩逐年上升。

优势四：分月主题科学有序。

优势五：学校有食堂，午间有管理。

优势六：与名校名师携手共进。

优势七：社团课程进课表。

优势八：校聘督学把脉课堂。

优势九："三化一心"成效显著。

附：

倾听花开声音　有你一路同行

——合肥市江淮学校教学发展纪实

在合肥市五里飞虹西畔，有一所精美温馨、书卷飘香的和谐校园

——合肥市江淮学校。

合肥市江淮学校是一所九年一贯制公办学校，始创于1961年，2006年划归蜀山区教体局。中小学段分别为合肥市第五十中学和合肥市安居苑小学分校。

老校魅力，历久弥新。近年来，学校在以张曙校长为首的新的领导班子带领下，以创建合肥市"新优质学校"为契机，创新办学思路，高起点规划办学目标、高标准实施教学管理、高质量完成教学任务，完成了华丽转身。

校聘督学领衔　师徒结对共进

拉升标杆，让课堂散发魅力。江淮学校高度重视教育教学质量的提升，2015年新学期，学校励精图治，大胆创新，正式聘任50中东校合肥市拔尖人才徐定高老师为学校校聘督学。开学第一周，徐老师即走进课堂，在一个多月的督学活动中，全体老师把"看、听、问、议、思、写"等教学行为整合为一体，虚心求教，提升素养，活力十足。校聘督学制极大激励了全体教师"比、学、赶、帮、超"的工作热情，取得了良好成效。今年，在成功的经验基础上，学校又聘请了6位督学和16位学科师父，他们责任感强，教育教学经验丰富，有的是市、区骨干教师、拔尖人才、区域名师，有的是省级教学基本功比赛一等奖获得者，还有的是享受省政府特贴的省部级学科带头人。规模之大，辐射学科之多，成为学校教学教研的一大亮点。

实行校聘督学制，学校用"督学指导、督学评价、督学激励"的形式，每周在学校进行两次定期督学随访活动。随访期间督学深入学校，深入教师，深入调研，及时发现，及时总结，与学校领导沟通交流，与教师谈心、听课、参加学校活动等。学校还要求每学期督学为全体教师做2~3次教学教研讲座，把好的经验和方法传授给学校的每一位老师。

"外聘专家团队是学校给青年教师校内研修聘请的行家里手，搭建了青年教师快速成长的平台，为青年教师零距离、多角度学习教学技能提供了良好的机会。实行校级督学聘任制和开展师徒结对,在学校营造了一种浓烈的教学氛围,全面提升了全体教师的专业化教育教学水平,助推江淮学校在圆梦的道路上展翅飞翔。"张曙校长语重心长地说。

紧跟名校步伐　教学教研互动

"学校的中心工作是教学,教师的素质是提高教育教学质量的基础,紧跟名校步伐,加强与名校教学教研互动,学习先进经验,取长补短,是促进学校教师快速成长,促进学校内涵发展的有效途径。"蜀山区教体局副局长王雪梅如是说。

为进一步搭建校际交流和教师成长的专业平台,提升教师的课堂教学水平。2016年3月28日上午,北京市体育场路中学一行8人来到江淮学校开展"北京—蜀山"两地"同课异构"教研活动。两校教师同台切磋,从不同的视角进行教学设计,呈现了风格迥异的课堂。此次活动推进了江淮学校与北京体育场路中学合作交流走向纵深,拓宽了两校教师的视野。

自张曙校长从五十中来到江淮学校以来,学校已与五十中集团建立了长效的教育教学互动机制,定期开展互动教研活动。

2015年9月23日,学校邀请五十中的德育主任来校做德育工作经验交流。南校德育主任郑成聪就德育工作给老师们作了精彩指导;东校德育主任齐丰收提出的让学生自主管理让老师眼前一亮;西校德育主任吴玲玲的"春风化雨,润物无声"指导各项活动开展有序有效有成果,特别是"养成教育系列活动"系统化教育无声地融入学校教育中来。

2015年12月22日,五十中东校校长靳文和南校校长孙秀芝来校做了一场高规格的交流盛宴。靳文校长做了题为《精心谱写五线曲,齐心高唱远航歌》的讲座,从校园安全、学生发展、老师发展、校园文化、教育教学质量5个方面全面而翔实地诠释了东校的各项管理举措。孙秀芝校长做了题为《做一名有发展的教师》讲座,她用自己个人成长的经历感召在座的每一位江淮老师。她强调,要做一名好老师要注重多角度全方位提升教师内涵，没有最好，只有更好。两位校长先进的办学理念彰显了名校强大的综合办学水平。

交流、合作、提高，通过与先进学校开展校际教学教研交流活动，学校的青年教师在专业化道路上迅速成长。2015年12月24日，蜀山区聚焦课堂一等奖获得者江淮学校初中语文教师姚蕾在南岗中学上了一节题为《浓墨重彩突出中心》的展示课，这也是一节蜀山区初中语文名师工作室市级课题《充分利用教材资源，有效提高学生写作水平的实践研究》研讨课，近百名前来听课的语文老师相聚于此，共同探索作文教学之法。2016年6月12日，该校初中数学教师江卫三在学校开展了一节蜀山区市级课题《区域性初中数学综合与实践课的实践研究》的课题研讨课，课题组成员及各校教师代表近30人参加活动，对江卫三的课给予了高度评价。此外，该校在2015年蜀山区聚焦课堂比赛中获得4个一等奖，张玮玮、姚蕾、姚莉、史娟娟、石晓敏等6位老师被推荐参与"一师一优课"的录制，在今年6月安徽省第一届微课大赛上，学校张玮玮、姚莉获得一等奖，史娟娟获得二等奖，江卫三、张光华获得三等奖。学校申报的国家级课题《信息技术环境下青年教师快速成长的研究》已顺利结题。2016年6月在张曙校长带领下完成申报的安徽省教育信息技术研究课题《利用信息技术培养学生核心素养的研究》正进入开题阶段。

课题研究是学校的阳光。在阳光的照耀下，学校各项工作如花般灿烂开放。

中招政策调整　助力学校发展

指标到校生已经成为中考录取的一个重要途径。而在以往指标到校生虽然按照比例分配到各个初中学校，但是因为有录取线下40分的限制，有的薄弱初中即使分配到指标，却因为学生成绩没有达到下限，计划只能作废，回到统招计划里去。从今年开始我省中考招生方案取消了示范高中招生指标到校生线下40分限制。这将大大有利于普通初中学校的学生进入示范高中就读。

以前家长依据学校考上一、六、八中数据来判断一个学校的好坏，取消分数线限制后，即使上薄弱学校也有了上省示范高中的机会，甚至机会更大。家长会算一笔账，家门口的学校虽然不那么有名，但是可以按比例分到一定数量三校联招的指标，孩子在这里也许考到700分就可以拿到这个指标。但是在名校，竞争激烈，虽然指标较多但是尖子生也多，可能考720分都拿不下一个指标。

中考指标到校生取消线下40分的门槛对于发展中的学校无疑是一次难得的机会，当然这样的机会也是助力江淮学校发展的一个重要方面。

加强师资培训 促进教师成长

教育大计，教师为本。建设一支高素质的教师队伍是学校的立校之本。

"立业德为首，执教品为先。"学校高度注重师德教育，利用每学期开学工作会、隔周的政治学习时间和暑期校本培训等形式，组织教师认真学习先进的教育理论，引领教师交流心得，砥砺思想，分享智慧，共同营造"扬正气、说正话、做正事"的师德师风；引领教师依据学校发展愿景，结合岗位职责和各自实际情况，理思路、订目标，制定涵盖职业道德、教育理念、业务素养、科研能力等4个方面内容的个人发展规划；通过师德报告会、师德演讲、师德标兵评选、教师节表彰、党员先锋岗等活动的开展，树榜样、立形象，创设"比学赶帮超"的良好氛围。

为加大对教师的培训力度，学校以校本培训为抓手，开展多种形式的岗位练兵活动。2015年的暑期，学校开展了一次历时10天的校本培训活动，请来了名校名师、学科专家、优秀班主任和学院级教育专家，对全校教师进行全方位培训，教体局领导也亲临指导。2016年校本培训期间，让外出学习培训的老师做交流反馈，分享学习智慧与心得，把集体研修和自主学习相结合，强化教师教育教学能力。此外，学校还利用学科集中培训、学科远程培训、国培培训、外出培训、外出听评课、骨干教师培训、每周三下午教师学习平台等多举措，强频率，精心打造一支充满无限发展潜力的高素质教师队伍。

该校针对教师年轻化的特点，加大了对青年教师的培养力度，学校以合肥市语文名师工作室和蜀山区中学思品名师工作室两个校内名师工作室为平台，充分发挥名师、骨干教师的辐射引领作用，与青年教师一起备课、说课、议课，一起钻研教材，一起探讨教学方法和策略，形成学科骨干力量和科研团队，让年轻教师在教育教学上少走弯路，快速成长。

经过精心培育，教师发展劲头足，专业提升速度快。他们互助互帮、团结合作，为孩子们搭建起一座知识与友爱的桥梁！

外树学校形象　内强师生素质

近年来，江淮学校通过反复思考和提炼，确立了"共营走向共赢"的办学理念，以培养"求知有兴、举止有型、交往有信、健身有行、生活有心"的'五有'学生"为目标，根据校情在保留和摒弃的基础上，汲取区内外名校先进的教育理念，结合自身发展优势，逐步形成了一套特色鲜明的办学模式。

"聚沙成塔，攒木成舟，天下大事必作于细"。为了提高教育教学质量，学校正完善着3类课程体系建设：①基础型课程，在开足开齐义务教育阶段国家规定的全部课程的基础上，开发校本化课程。②拓展性课程，立足于学校区域优势和特色创建，为不同学生搭建个性发展的舞台，增设航天、管乐、体育竞技等15类课程，并纳入课表管理，纳入质量评价。③探究性课程，立足于教学和学习方式转变，培养学生创新意识和实践能力。学校先后开发10多个探究性课程，为学生探究知识、探索奥秘，培养兴趣、培育人才搭建平台。

教学质量是学校的生命线。尽管受到生源质量等诸多因素的制约，前几年学校一直处于薄弱学校行列，但江淮人没有气馁，他们坚信只要真心付出就一定有丰厚的回报！全体老师正视现实，在提升教学质量上打出了一套完美的组合拳。学校在学期一开始就提前安排好课表，优化师资配备、利用假期电话追踪选聘老师，同时对教师听评课节次提出数额的要求。中学部安排了月考和期中、期末考试，每次考前有布置、考中有督促，试卷有分析、召开家长会，及时反馈学生的学习情况。同一年级搭班教师之间的合作竞争关系，把全校教师的人心都凝聚在抓教学，提质量上。学校与五十中开展同步教研，同步教研，共用检测卷，提高了教学质量检测的效度，达到事半功倍的效果。学校实行小班教学，使教学具有更强的针对性，更有利于因材施教。学校还要求每位中青年老师能上好"三课"：推门听课、校内公开课和校外展示课。在落实"推门听课"中，要求每位青年教师必须做到从常规教学抓起，钻研教材、认真备课，把课堂教学活动的开展落实在准备活动中。学校每学期都定时举行校内公开课、青年骨干教师优质汇报课，"青年教师赛课"等活动，以赛促教，提升青年教师对教材、课堂的掌控能力。通过让校聘督学参与到学校的教育教学事务中，为教育、教学注入了生机和活力。

由于办学方向明确，办学思路清晰，措施得力，江淮学校呈现出校风正、学风盛的良好办学局面。2016年中考，学校理化生实验生均9.91分，体育中考生均48.8分（全市第二），文化课生均成绩较上年进步了61.65分，居蜀山区中上等。一、六、八联合招生录取率22%，录取人数超出去年1倍，700分以上学生占16%，普高达线率63%，省示范高中录取率56%。教学成绩的呈现，赢得了社区居民和学生家长的广泛认可，缓解了矛盾，促进了和谐。

社会蓬勃发展，教育春潮涌动。"江淮人"在江淮学校这片美丽的园地上播洒希望，执着耕耘，然后静静地欣赏每朵花开的美丽，静静地品尝每朵花开的芳香。今天，"江淮人"正满载着对美好未来的憧憬，用一步一个坚实的脚印，满怀豪情地把江淮学校打造成为一所"学生有特长、教师有特点、课程有特色"的新优质学校！

（原文载于2016年12月20日《安徽工人日报》"风采"专版上，现有删改）

立德树人　让生命成长更丰腴

——合肥市江淮学校坚持德育为先大力实施素质教育纪实

合肥市江淮学校位于五里飞虹西畔，是一所区属九年一贯制公办学校。学校始创于1961年，2006年划归蜀山区教体局。中小学段分别为合肥市第五十中学和合肥市安居苑小学分校。近年来，以张曙校长为首的学校领导班子认真贯彻党的教育方针，本着对社会和家庭，对每一位学生终身发展负责的精神，坚持育人为本，德育为先，以教学质量为核心，教书育人并重，全面推进素质教育，外树形象提升办学品位，内强素质提高教育教学质量，努力办好人民群众满意的学校，奋力打造江淮学校教育品牌，赢得了社会各界的一致好评。

加强德育队伍建设　提升育人水平

"成才先成人，育人先育德"，教育事业首先是一项道德养成事业。因此，江淮学校坚持把德育工作摆在素质教育的首要位置，将春风化雨般的德育浸润和道德感召，渗透到教育工作的各个环节，不断提高德育育人的针对性和实效性，走出了一条具有自身特色的立德树人之路。学校成立了以校长为组长的未成年人思想道德建设工作领导小组，构建了由学校党支部—德育处—团委、少先队大队部—班级的德育管理网络，并明确德育管理的各项具体任务要求。形成了校行政办公会部署、德育处分管、团委、少先队大队部和班主任具体落实，学生干部参与管理，校长总负责、党政工团齐抓共管、教职工人人参与的德育工作体系。

教师是德育工作的组织者、实施者和示范者，教师的道德观念、道德品质和道德行为对学生会产生潜移默化的影响。学校结合教育局工作重点，组织全体教师学习《教育法》《教师法》《未成年人保护法》《预防未成年人犯罪法》等教育法规，严格贯彻落实《江淮学校德育管理规定》，经常开展内容丰富的德育培训活动，打造了一支品行好、能力强、工作踏实、乐于奉献的德育管理团队。

班主任队伍是学校的重要教育教学管理力量，是学生精神家园里的守护者。班主任工作的好坏，直接关系到学生的健康成长和学校的办学效果。该校重视班主任队伍建设，通过开展传播经验、班主任工作经验交流会等活动，不断增强班主任培训的实效性。2016年11月，学校邀请安居苑小学黄莹老师和五十中东校杨波老师来学校为老师做精彩报告。两位优秀班主任毫无保留地与大家分享班主任工作的点点滴滴，妙语连珠，赢得阵阵掌声，让学校老师受益匪浅。

家庭是孩子道德品质形成的重要场所，是孩子的另一所学校。正如著名教育家陈鹤琴所说："没有家庭参与的学校教育是不完整的教育"。因此，江淮学校始终将家长视为重要的德育力量，加强家校联系，形成教育合力，不断拓宽德育空间。该校各年级组建家长委员会、班级定期召开家长会；学校和各班级通过举办讲座和各种亲子活动，增进亲子之情，加强家校的沟通和互动。

<h3 style="text-align:center">开展主题教育活动　提高学生素养</h3>

2016年5月4日，江淮学校校园里迎来了两位新老师——外教Luke和Olive，学校五月份"科普活动月"活动正式拉开帷幕。来自新动态英语的英籍教师Luke、美籍教师Olive以"母亲节"为话题，为孩子们上了一节深动感人的听说口语课。外教老师运用图片、实物、多媒体等教学手段，让孩子们知晓了"母亲节"的来历，体会了父母的辛苦、伟大与无私，感悟到亲情的重要。一节英语课丰富了学生的情感世界，让他们学会了感恩，学会了在生活中表达爱与传递爱的力量。一场别开生面的外教活动打开了学生了解世界的窗口，开阔了学生的视野，为学校营造了良好的学习英语氛围。

"科普活动月"活动只是江淮学校扎实推进素质教育的一个缩影。近年来，该校以突出学生综合素质培养为着力点，全面推进素质教育，为学生的终生发展奠基。该校以各种节日为契机，积极开展各种内容鲜活、形式新颖、丰富多彩的主题教育活动，不断提升未成年人思想道德素质。"中国航天日"邀请专家为学生们上了一堂精彩的航天知识课，既传播了航天科普知识，弘扬了航天精神，又让学生们感受了国家航天事业建设的成就，在他们心中播下"中国梦，航天梦"的种子；"五四青年节"举行新团员入团宣誓仪式，既增强了团员的荣誉感、使命感，又增强了团组织的凝聚力和向心力；"六一"儿童节开展"环保庆六一·快乐淘宝节"活动，孩子们在活动中度过了自己节日的同时，增长了人际交往能力，物品的价值得到充分使用，让节约和环保真正落到实处；"少年先锋队建队日"开展"红领巾相约中国梦，听党的话，做好少年"主题大队会活动，增强广大少先队员组织意识，明确成长目标，继承优良传统；"庆圣诞，迎元旦亲子游园会"活动，增进亲子之情，加强了家校的沟通和互动。特别是2017年迎新年庆元旦师生联欢会，举办的有声有色。节目内容全部是师生们自编自导，内容丰富，异彩纷呈，展现了江淮师生朝气蓬勃的精神与风采。整台联欢会精彩纷呈，高潮迭起，凝聚了人心，提振了精神，鼓足了干劲，展示了师生风采，也增进了师生间的深厚情谊。

学校还发掘、整合各类教育资源，丰富学生的校园文化生活。该校以"社团"活动为抓手，先后开设了航空社团、合唱社团、校园足球、少儿门球、行进打击乐团、"空间创客"社团等数十个特色社团，真正让学校的特色德育教育活动"真"起来、"动"起来、"实"起来。每天下午两节课后，是江淮学校孩子们的社团活动时间，小社员们有的踢足球，有的学画画，有的玩黏土，有的学话剧……学校的角角落落都能看到孩子们活动时的快乐身影。在"指尖在灵动"社团里，孩子们认真加工粘土，完成他们的艺术创想；在"绿荫小将"社团里，孩子们快乐地奔跑在操场上……社各团竞相开展活动，好戏连台，异彩纷呈，为校园生活增添了一抹抹亮色。在2016年全省青少年无线电测向锦标赛中，江淮学校代表队荣获4个一等奖，二个二等奖；江淮学校"空间创客"社团在蜀山区中小学生优秀社团评比中，荣获区社团评比特等奖……

江淮学校扎实开展"阳光体育运动"，狠抓学生的眼保健操、广播操、课间操，抓实大课间活动，增强学生的身体素质，并在每年10月份召开全校秋季田径运动会，使学生体质在活动中得到锻炼提升。

"蹉跎莫遗韶光老，人生惟有读书好。"从四书五经到四大名著，我国悠久的历史和灿烂的文明，留下了浩如烟海的图书典籍，这是中华民族的宝贵精神财富。为引导、培养孩子的阅读兴趣，学校决定把图书室建成学校最美的地方，吸引孩子随时到这里沐浴"书香"，联合国文电书建成了"E-ink数字图书馆"。E-ink电纸书终端中小学移动数字图书馆，以E-ink为代表的电子墨水技术是全球公认的健康环保阅读技术，它本身不发光，模仿纸张喷墨印刷的原理，每一次翻页，电流驱动黑色离子在基版上形成文字和图像。阅读原理接近纸张；阅读过程中终端屏幕无辐射；翻页时才用电，能耗极低，充电一次，待机一个月左右。

"玩不了游戏看不了视频，让家长放心；云端可以提供学生、班级和学校的阅读和图书馆使用情况，完善地统计在线生成图形报表，让老师和教育管理者省力、满意。"张曙校长认为，通过创新技术的运用，提高了学生的读书兴趣，促进了阅读的成效，有力推进了学校的"书香校园"建设。

社会实践活动是中小学德育的重要载体，是深入推进素质教育的有力抓手。该校积极开展丰富多彩的社会实践活动，让学生接触自然、了解社会、拓宽视野、丰富知识，提高社会实践能力和综合素质。学校以学生为实践主体，发挥教师的指导作用，抓住时代特征，严守安全问题，注重引导学生"聆听窗外的声音"：工业游、假日雏鹰小队、学雷锋系列活动、我是小小志愿者、关爱聋哑儿童、各种主题班会、学生社团等实践活动的开展，在学校、家庭、社会中效果显著、反响热烈。

从"校内"到"校外"，从"养成"到"实践"，形式多样，内容丰富的社会实践活动进一步丰富学生的视野，提高了学校德育教育成效。

加强校园文化建设　营造育人环境

教书育人，环境育人。优美和谐、健康向上的校园环境文化对学生的健康成长起到"润物细无声"的教育魅力。学校以绿化、净化、美化、文化建设为抓手，加大硬件投入，强化基础设施，构建活泼健康、文明和谐的校园氛围。学校硬件条件优良，体育设施应有尽有。学校拥有100多平方米的图书室，以及可同时容纳120多人阅览的阅览室。超大型钢架雨棚既免除了学生下雨天上体育课的淋雨之苦，又成为校园里的独特风景。学校环境优美，30年以上的银杏等名贵树种和美丽的花草，将校园装扮得郁郁葱葱、生机盎然；多处石凳可供师生课余小憩；学校文化氛围浓郁，文化石述说着启迪智慧、润泽心灵的动人故事……

该校认真做好校园文化建设，突出主题，提升水平，促进物质文化、管理文化、行为文化、精神文化相得益彰，形成特色。学校教学楼走廊文化、班级文化、教室文化、黑板报、图书室、班级图书角等文化教育阵地为德育添彩增辉，成为校园一景。学校还通过新优质学校创建明确办学理念、办学目标、校风、校训、教风、学风，形成办学特色，提升学校的文化品位，树立了学校崭新的社会形象。

狠抓德育常规工作　促进规范管理

教育家叶圣陶曾经说过："教育是什么？简单说，就是要养成良好习惯。"该校从抓好行为规范教育入手，高度重视学生良好习惯的养成教育。每周一下午最后一节课按时召开主题班队会，班队会主要围绕礼仪教育（课堂礼仪、集会礼仪、用餐礼仪、课间礼仪等）、安全教育、感恩教育、读书活动以及传统节日教育等主题，突出效果，真正使学生通过班队会受到教育。此外，该校还加大常规检查督促力度，对学生在校时间实现全程规范管理。完善各类班级考核评比制度，促进学生行为规范的养成。

学生的心理健康教育直接决定着学生健康成长、社会的和谐发展，心理健康教育已成为学校教育的一个新课题。江淮学校高度重视学生的心理健康教育，关注学生心理健康，学校充分发挥心理咨询室的疏导作用，选择有效的方法以与学生进行良好的沟通，提高针对性，积极做好心理教育工作，促进学生健康成长。

根深叶茂植沃土，栉风沐雨育栋梁。合肥市江淮学校视造福一方学子为己任，大力实施素质教育，为学生们构建明礼守信的道德大厦。"雄关漫漫真如铁，而今迈步从头越"。今天的江淮学校正乘着素质教育的东风，沐浴着德育教育的芬芳，迎着教育改革的朝阳，豪情满怀，迈向更加辉煌的明天。

（原文载于2017年3月13日《安徽工人日报》"风采"专版上，现有删改）

第三章　砥砺前行

　　时光荏苒，转眼间三年已成过去。回首过去，学校围绕教体局工作要点和相关会议精神，以党和政府的教育政策为指导，坚持安全、稳定的大局观，在艰辛与执着中尽职尽责地工作，各方面工作稳步推进，校园发生的变化令人喜悦。

第一节 "三化一心"让江淮亮起来

2015—2016学年，在教体局领导的关怀下，在全体老师大力协助下，江淮学校取得了一系列可喜的转变：合肥市新优质学校申报成功，校园网站重新改版，小合唱和武术操均获得市、区一等奖，"北京—蜀山"两地同课异构产生影响……特别是2016年中考学校取得突破性的发展，平均分较2015年提高了61.65分，"一、六、八"联招录取人数超过上年二倍以上。

伏案回眸，总结一年来的学校管理工作，忧虑中透着一些欣慰。在梳理中发现不足，在盘点中找出差距，在反思中谋求新的增长点，这既是一种自我激励和加压，也是一种理性的思考，更是接受领导指导，同行相助的一个机会。这一年来我所做的工作，陈述如下。

一、政治表现

作为校长，我时刻提醒自己，要加强政治学习和业务学习，做事要有担当，要替组织解忧，要为师生解困，堂堂正正做人，坦坦荡荡做事，扎扎实实工作，兢兢业业从教，始终坚持以一个共产党员的标准来严格要求自己，以身作则，恪尽职守。积极组织并带领教师参加各类有益于学校变化和发展的活动，外树形象，内强素质，尽快让江淮学校走入良性发展的快车道。

二、以"三化一心"为抓手推动学校各项工作良性发展

（一）硬件优化

随着硬件设施使用年限的增长，学校从大处着眼，小处入手，一直在对

原有基础设施进行改进和优化。如，大到三栋楼布局调整，中小学分楼而治，搬家公司9个人4天半对西楼二三层过道杂物的清理、归并、登记、报废，添置教师办公室窗帘、空调、办公桌椅和学校大门口电子显示屏的安装等，小到教室破旧窗帘的更新、补充，门锁钥匙的核查、配备，校门口石墩的位置调整，以及通道滴水斜坡的暖心处理等，事无巨细。学校还修补了开裂的围墙，软化了篮球场的地面，为老师开辟了午休室；增添了4套白板，对原有的五棵银杏树进行了移植、补种和树木绿化的修剪维护；对操场主席台进行了重新设计；值班室安装了校园监控，对原有行政办公室和教师办公室合理调配；外请专业技师对学校老旧水路漏水情况进行冒雨排查；添置五楼小会议投影设施；超前配置中考体育器材，特别是西一楼筹建食堂，将解决教师午餐问题。用心优化硬件，只为创造最优质的校园环境，为增效提质保驾护航。

（二）管理细化

在管理上，主张细化和有效。细化管理让常规工作有了落脚点，学校从校长到门卫，每一个岗位都有章可循，人人有事做，事事有人做，整个学校运行井然有序。"扬正气，说正话，做正事"已然成为江淮学校的一则座右铭。

1.教学方面

学期一开始就提前安排好课表，优化师资配备、利用假期电话追踪选聘老师，同时对教师听评课节次提出数额的要求（校长每学期不少于30节，分管教学副校长不少于40节，中层不少于20节，教师不少于10节），中学部安排了月考和期中、期末考试，每次考前有布置、考中有督促，要分析试卷并召开家长会，及时反馈学生的学习情况。

同一年级搭班教师之间的合作竞争关系，把全校教师的人心都凝聚在抓教学、提质量上，通过统一阶段性考试，通过与名校共用检测卷，通过共同开展同步教研、教学经验交流等活动，提高了教学质量检测的效度，达到事半功倍的效果。

2.德育方面

在纪律和卫生方面我们细化到人，定岗到时，责任到事。为了营造良好的育人环境，各班按定额重置了班级文化墙、校园围墙的文化布置，做了16块宣传展板和学校宣传彩页。校园内"会说话"的文化石启迪了学生的心灵，新优质学校的成功创建给校园文化提供了更好的发展契机。

为了能乘上"新优质学校"这班远航的大轮，我和部分老师度过了40多个不眠之夜，放弃了周末休息时间，跨年夜我和我的团队是在办公室里一起度过的。为了能准确拟定符合校情的三年规划，为了使办学理念、实施项目和具体措施更具操作性、科学性和有效性，我们大小会议开了27次，15次易稿，尽管创新的道路很艰辛，尽管创新组人员的家人多有抱怨，但终获理解。通过申报过程中自上而下、自下而上地反复思考和提炼，最终确定了以"共营文化"为本次的创建项目。目前，我们已是"新优质学校"大家庭中的一员，这是全体老师一次精神洗礼的过程，更是一个跨大台阶、登高望远的使命！说到新优质我不得不说感谢王局长、任科长及相关领导的悉心指导和大力支持！

3.行政管理方面

学校通过严抓考勤管理来强化正常的教育教学工作秩序。除上下班指纹打卡外，还规范了请假制度。为保证学校各项工作的顺利进行，行政人员进行了职责分工和任务认领。为了更好地加强学校与社区之间的良性互动，密切学校与社区之间的联系，遵照刘局的指示我们这方面下了大力气。"学校与社区"座谈会、茶话会、协调会开了6次，党员教师走进金域华府和领势公馆小区2次，专项联系11次。一年来学校也加大了对外宣传，省市纸质媒体6篇报道，电视宣传3次，教体网站宣传稿168篇，受到上级主管部门的称赞。

（三）特色亮化

学校因为人数少而实行小班教学，小班教学使教学具有更强的针对性，有利于因材施教，教师有更多的时间和空间对学生加强个别指导，与学生有更充分地交流。讲到生源这一块，有天我在向任科长请求，任科长很支持，刘慧科长当时也在，也说了很多有利于江淮学校发展的建议。江淮学校目前薄弱，大家心里都着急。

学校还通过多种途径分享五十中的管理及教育教学信息，为教育、教学注入了新的生机和活力；通过频繁开展校本培训、集体备课、同课异构、师徒结对等一系列活动，落实"同时教学，同步教研"的教学发展策略。2015年9月23日下午，五十中的四位德育主任来我校做德育工作经验交流，12月22日下午，五十中东校校长靳文和南校校长孙秀芝来到江淮学校，做学校发展和教师成长的专题报告。通过与名校的对接与碰撞，与名校牵手互动，开阔了视野，丰润自己。

学校始终对"三课两推一转化"和"抓两头，带中间"工作抓得很紧，通过校内公开课、校外公开课和推门听课，推进学生文化课水平与综合素质稳定快速地提升。

学校非常重视培养青年教师，请校外名师手把手指导，给参赛教师外出参赛提供便利，推门听课强化规范，集体备课促进扬长避短。学校7位教师参加2016年蜀山区聚焦课堂比赛，4位教师荣获一等奖。2位教师参加全国信息整合大赛，1位获一等奖，1位获二等奖。

亮化的特色也为学校打开一个全新的局面：书法、剪纸、拉丁舞、航模、行进打击乐、足球等15个社团课程纳入课表；积极开展学科竞赛，举办中小学书画、数学、英语等学科竞赛，培养学生进取意识。继续发展学校的鼓乐表演、足球、武术等传统项目。

（四）以教育教学为中心

学校要求每位中青年老师能上好"三课"：推门听课、校内公开课和校外展示课。在落实"推门听课"中，要求每位青年教师必须做到从常规教学抓起，钻研教材、认真备课，把课堂教学活动的开展落实在准备活动中。学校每学期都定时举行校内公开课、青年骨干教师优质汇报课、"青年教师赛课"等活动，以赛促教，提升青年教师对教材、课堂的掌控能力。学校还采用了"校聘督学制",用"督学指导、督学评价、督学激励"的形式,让督学参与学校的教育教学事务,督学深入学校,深入课堂,深入调研,及时发现,及时总结。2016年3月28日"北京—蜀山"两地同课异构教研活动在学校成功举行,进一步推进江淮学校与北京体育场路中学合作交流走向了纵深,拓宽了两校教师的视野。4月14号下午,蜀山区教体局督导室一行12人来到江淮学校,他们走进课堂开展多学科观课活动,为江淮学校问诊课堂把脉校情。

(五)毕业班工作

为切实抓好毕业班工作,学校成立了以校长为组长的毕业班工作领导小组,具体分工,明确职责,及时通报工作情况。以初三为例,学期开始就召开了毕业班全体教师动员会,期中、期末考试结束就召开期中、期末成绩分析会,发现不足,提出改正措施,通过召开学生家长会,实现家校共管。通过推门听课找学科差距,通过教师个别谈心督促教师提高教学效率。为了使学生的理化实验操作和体育考试顺利开展,学校召开预备会、体育备考分工会、二模前后毕业班复习协调会,考前动员,交代各学科考场中的注意事项,事无巨细,工作取得可喜的成绩,理化生实验均分9.91分,体育49.24分,创学校近5年新纪录。

2016年的中考中"一、六、八"联招录取人数超出2015年两倍以上,谢雯同学的中考成绩刷新学校近5年来"一、六、八"统招分录取的空白。虽说与名校相比还相距甚远,但就自身的比较来看进步还是很大的。这一成绩的取得大大激发了全体师生奋发向上的信心,也为将来的发展提供了可借鉴的依据。

三、对未来展望

回首过去,成绩有所提高,面对未来,倍感压力很大,我相信,在上级领导的正确领导下,在全体教师的大力支持下,面对新形势、新机遇、新挑战，我将进一步树立信心，理清思路，突出重点，勤奋工作，讲究实效，为江淮学校的美好明天而奋斗！

（本部分系笔者2015—2016年度述职报告，略有改动）

第二节　在变化中展现精彩

一个有着55年办校历史的学校在历经艰辛创校、辉煌发展后，由于学区的调整、管理不过硬、周边名校的崛起等诸多因素，出现了发展中的困顿：生源急剧下降、升学率偏低、家长信任度不高。这样的僵局持续六七年，学校出现了领导者有心无力、教师无奈彷徨、学生随波逐流，这就是合肥市江淮学校近几年的尴尬处境。

一场事关生存的突围势在必行，一场攻坚战拉开了序幕！

《周易·系辞下》："穷则变，变则通，通则久。"2015年7月，在"整合优质教育资源，推进教育均衡发展"思想的指导下，蜀山区教体局高度重视江淮学校的转变问题，依托合肥市第50中学名校的力量，对合肥市江淮学校实行了全方位的整改，委派50中西校副校长张曙率领骨干队伍全面而深度接手，张校长秉承学校优良传统、锐意创新、希望以"三化一心"（硬件优化、管理细化、特色亮化及以教育教学为中心）为抓手，扭转困顿局面，提升办学品质。过程虽是艰辛的，但成果是丰硕的。

一、强化制度管理，让学校有序运转

规范考勤制度，紧抓日常规范。无规矩不成方圆，江淮学校加强规范考勤制度，紧抓日常规范，上下班按时打卡、明确请假细则、每日教学巡查、每日领导值班考勤等一系列举措让整个校园忙而有序。

规范领导制度，落实"三严三实"。身正为范，以校长张曙为核心的领导班子成员严格落实"严以修身、严以用权、严以律己、谋事要实、做事要实"的精神，用自身的规范行为去自上而下地"扬正气、做正事、说正话"。

学习名校管理，完善自身不足。闭门造车的结果是可想而知的，只有走出去，领进来，才能与时俱进，学校的管理亦是如此，江淮学校借力第50中学教育航母规范、优秀的管理制度，多次延请东、西、南校分管校长靳文、孙秀芝到校为江淮学校的管理工作传经送宝，不断修复完善管理的漏洞与不足。

加强监督制度，保证监督效能。权力的运行只有公开、透明，才能对其实施有效的监督，增强权力运行透明度。江淮学校完善并及时公开校务、公开党务，适时召开家长委员会、举办家长开放日、走进社区等常规，接受来自社区、家长、社会的有力监督，激发学校的办学活力，促进学校内部及学校与社会和谐发展。这也在很大程度上扭转了家长、社区对学校原有的不良印象。

二、强化教学管理，让教师内涵发展

共营师德师风，树教师崭新形象。学高为师,德高为范；学是师之骨,德为师之魂。从大的方面讲，要达到高质量的教育，必须要有高素质的教师。可见，强化人民教师的师德建设，是实施素质教育的奠基工程。教师是学生精神文明建设的主力军，建设一支具有优秀的师德、师表风范，具有模范的师爱形象、具备高超的师识本领和掌握精湛师艺的教师队伍，是办好学校的根本所在，是教育改革和发展的重大举措，是培养社会主义现代化建设者和适应市场经济新型人才的需要。从小的方面讲，一个没有良好师德师风的教师是不被学生、家长、同事、社会尊重的。江淮学校这九个月利用学期开学工作会、间周的政治学习时间和暑期校本培训等形式，组织教师认真学习先进的教育理论，引领教师交流心得，砥砺思想，分享智慧，共同营造"扬正气、说正话、做正事"的师德师风；引领教师依据学校发展愿景，结合岗位职责和各自实际情况，捋思路、订目标，制定涵盖职业道德、教育理念、业务素养、科研能力等4个方面内容的个人发展规划；通过师德报告会、师德演讲、师德标兵评选、教师节表彰、党员先锋岗等活动的开展，树榜样、立形象，创设"比、学、赶、帮、超"的良好氛围。

打造高效课堂，实现减负增效。为了体现"以生为本"的教学理念，创设具有探究性、开放性、和谐互动的特色课堂。江淮学校以充分备课、高效上课、作业减负、有效辅导等手段夯实教学基本功；以开展推门听课、示范课、研讨课、展示课为抓手，提高教师的自信力，共营"严谨治学"的教师队伍；以新教师汇报课、青年教师展示课、中年教师示范课等系列教学活动，让教师间成为合作学习的伙伴，在相互间"展自己的课堂，研自己的课堂；走进别人的课堂，改进自己的课堂"，共营一个"恒学善思"的教师队伍。在青年教师提升自身教学基本功的同时，提高课堂效率，实现绿色高效的课堂，让学生轻松、快乐学习并学有所得、所有所成。

加强名师引领，铸就奋进团队。教师是学校一张具有说服力的名片，拥有一支奋进、能力强、水平高的教师队伍，才能教育出一批又一批的更加优秀的学生，才能在社会赢得良好的口碑，才能办人民满意的教育。近几月来，江淮学校加大对青年教师的培养力度，通过师徒结对、骨干教师讲座、名师工作室、校聘督学进课堂等各种形式的名师引领作用，快速促进青年教师成长，我校多名年轻教师在国家级、区级各类比赛中频频摘金夺银。

加强校际联盟，依托外援力量。不仅内强管理，还外借资源，利用区域联动功能，与安居苑小学、50中"结对子"，开展教师互动式教研活动。校际间互听课、互评课、集体备课，让老师边教边学、边研边教，促进区内结对联动的深度发展。通过建立校际间资源共享、优势互补、互惠互利的合作机制，不仅有效提升了教学教研能力，共享了资源平台，也增强了彼此间凝聚力，形成专业成长共同体。

三、强化特色管理，让学生快乐成长

优配学校资源，实行小班教学。硬件设施区内一流的江淮学校让所有学生享受最多、最高等级的资源。小教室大走廊已是江淮学校的一大特色，宽敞明亮的教室里均不超35人。小班教学，让每一个孩子都能课上人人有机会，课下人人得关注，实现学生个性化发展，真正践行"以生为本"的教育理念。

丰富社团课堂，学生快乐起航。社团文化活动能培养学生的兴趣、能力及创造力，能产生潜移默化的教育力，形成良好心理品质，能锻炼学生组织、协调能力。中学时代正是学生思想观念、个人志向的转型期，社团活动需要社团成员独立处理社团事务，独立的解决问题，主动想办法克服各种困难。将使学生逐步形成稳定的个性心理品质，这对于将来学生步入社会后处理事务、解决问题将起到很大的促进作用.为全面推进素质教育，充分发挥学生的特长，彰显少年儿童的个性，学校十分重视特色教育，在开设航模、行进打击乐、书法等多个社团后，今年又新增弘武社团、舞劲雅姿社团、快乐英语启蒙社团、畅想合唱社团、晴天话剧社团、黏土社、足球社团等，其中弘武社团在2015年蜀山区第四届社团嘉年华展演中荣获二等奖中第一名。孩子们在社团中也收获了友谊，增长了见识，提高了兴趣。今后，学校将细化社团项目，丰富社团课程，加大投入力度，努力为孩子们创设更好的学习氛围，激发无限潜能，个性化成长。

特色教育进班级，阅读、外教齐上阵。江淮学校有区内一流的占地200亩的图书阅览室及借阅室，可以让每个学生在课余自由地徜徉在书的海洋里。为了指导孩子更好地阅读，学校将阅读课纳入常规课程，教会学生会读书，读好书。另外，学校目前正在着手外教进学校，进班级的工作，旨在拓展全校师生国际视野，提高学生的英语口语交际能力。"育人先育德 树人先树心"学校是"育人""树人"的地方，也应该是"育德""树心"的地方，学校的"心语心苑"心理咨询室补充了这一块，三名专业的心理咨询师随时帮助师生疏导工作、学习、生活中的不良情绪和压力，让师生拥有阳光心态，快乐人生。

四、围绕一个中心，紧抓学校生命线

　　教育教学质量是学校生存之本,是学校的生命线。因此,对于一个学校而言,要想立足于教育之林就必须努力提高教育教学质量。在生源少，整体素质良莠不齐的困境下，校长张曙以全面提升教育教学质量为工作重心，不断创新工作思路，夯实教学管理工作，其他行政部门齐抓共管，在短短的几个月时间里，各项教育教学水平明显提高：成功通过创建新优质学校；中考理化生实验喜创9.91分的历史佳绩；青年教师各级各类比赛频频摘金夺银……

　　汗马耕耘放飞梦想，所有江淮人在这条艰难崎岖的道路上携手共进，披荆斩棘，虽不易，但坚持，因为他们他们懂得突围的路上伴随的是难以忍受的阵痛，一点一滴的变化，更多的是渐入佳境的蜕变。

　　扬成长之帆，圆江淮之梦：办一所师生舒心、家长安心、社会放心的新优质学校。突围中的江淮人如斯承诺。

第三节 双肩担道义，辣手铸师魂

2015年9月初，《合肥晚报》一位记者采访时这样评价："哪里有需要，他就在哪里，而且无论在哪里，他都能在自己的岗位上放射出耀眼的光芒，他就是张曙校长。"

又一年过去了，回首往事，百感交集。2003年我考编进入蜀山区，2003—2005年连续两年在五十中东校毕业班把关，工作勤奋，方法得当，成绩显著。2005年因"做大做强五十中"的需要调入五十中西校，当时的西校刚起步，很艰苦，处于创牌子阶段。2009年五十中整合原文博中学成立了五十中南校，我被安排到南校主抓教学，南校第一届出色的中考成绩让大家刮目相看，从此南校不再低迷。296名考生，"一、六、八"联招录取82人，普高达线率95%，总均分较上一年提高了88.9分。汗水浇灌了希望，分数证明了力量，周边家长不再观望，稳定了民心，鼓舞了士气。

2015年6月30日对我来说是一个特殊的日子，因教育均衡发展的需要，受教体局委派到相对薄弱的江淮学校工作（九年一贯制）。当时的江淮学校是惊涛拍岸中的一叶小舟，九百多名家长闹着要求撤销江淮学校，学校生源锐减，教师纷纷外调，人心不稳，压力大。来到新环境，没有缓冲期，没有适应期，在当时内外压力交织的困境中，我立即着手各项工作。从带领团队亲手砍掉满园蒿草开始，从清理100米长廊上堆放的废旧杂物着手，对外走社区访物业，陪接访稳民心，对内统一教职工思想，拟定发展规划，规范教学行为，调整工作策略，整顿考勤纪律，顶住违规闹事，中学要鼓劲，小学要鼓励，没有寒暑假，没有双休日，更没有休息天……太累的时候，也想到得过且过，睁只眼闭只眼，但飘摇中的江淮学校就像爬坡的车，一停下就滑坡，一滑坡就会生出很多事端，责任在身，道义在肩，稍作调整又得提振精神，要不断地加油门，不断往上冲。

还记得那位徐老太吗？2015年7月几百人去省政府上诉要"更换学区"，她是领头人；开学初她穿着印有"撤销江淮，更换学区"的文化衫穿梭在众多接孩子的家长中，穿行在人群密集的地方，她是家长的代言人、宣传员。面对窘况，我多次把她请到办公室，耐心劝说，动之以情，晓之以理，有温馨提醒，也有申请央求，还将我儿子从韩国给我买的T恤衫原封未动转赠给了徐老太……真情感动了老人。另一位闹学区的领头人汪老头，慢慢也被感化了，学校用其所长，还聘用他担任了学校社团兼职老师。办学中扎实的举措慢慢赢得了越来越多的家长认可，教育教学成绩的不断攀升彰显了学校的软实力，社区居民和家长对学校的印象好起来了，对老师的态度逐渐友善起来了，徐老太也笑了，逢人就说："这个校长有魄力，能干，照他这么干这学校早发展起来了！"她也开始做一些助力学校发展的事情：上学放学在校门口帮助疏散簇拥的家长；帮助协调社区、物业与学校的公共社会关系；以自己的方式取消校门口的摆摊设点；制止校门口车子的乱停乱放。温暖的人格魅力终于产生了巨大的作用。

在拉锯式的奋争中，我依据校情提出了三年规划（一个转变、二个提高、三个强化），为学校发展指明了方向；"扬正气，说正话，做正事"的倡导让师生有了正确的行为导向；"三化一心"（硬件优化、管理细化、特色亮化，以教育教学为中心）的工作思路让大家工作有了抓手。目标明确了，思路清晰了，老师们焕发了生机，学生们充满了活力，学校面貌大为改观。

苦尽甘来，江淮学校方方面面都取得了重大突破和巨大变化，亮点频现：省级课题"利用信息技术培养学生核心素养的研究"成功结题了；16本校本教材相继刊出，5本主题月丛书《倾听花开的声音》特色鲜明，课题成果集《养育语文的实践探索》《从阅读走向作文》已经出版；众多炙手可热的社团备受家长青睐；师生外出参赛面宽，获奖率高；新优质学校建设成果屡次获得市、区表彰。尤为欣喜的是，各年级学生成绩显著进步。这些成绩的取得得益于教体局领导及同仁的关心和支持，得益于行政班子成员的倾力协作，更得益于全体老师的身体力行，兢兢业业，团结合作。

忘不了 2017 年 7 月 2 日。那天小学部在招生，我在巡查，因下楼过快，左脚踩空，脚面两处骨折。齐丰收校长用他并不壮硕的肩膀背我上楼下楼，安排拍片，他脚掌落地的声音分明听得出体力不支，他后背湿了，脸上挂着汗珠……王理老师及时用车送我接我，还有姚莉一路陪护。此情此景，永留心间。

忘不了文明城市复检时，全体教工积极备检的场面。楼道上，扶手旁，栏杆处，水池边，窗户前，花坛间，跑道上，教室里……大家齐心协力搞卫生，里里外外再保洁，上上下下忙接待。

忘不了书目研究组几番开会，几易其稿的经历。

忘不了课题组挑灯夜战，忙申报，忙立项，忙分工，忙实施，忙梳理，忙撰稿，忙结题的点点滴滴。

忘不了名师工作室里一位陈姓的主任收材料，编材料，报材料，一会儿联系广告公司，一会儿电话校对外聘督学的信息。

忘不了张纬伟、江卫三、左岳、齐丰收、陈秀文、房贤伟、张磊、周丽红、何黎黎、许克山、朱军妮、赵俊等一群人潜心忙碌，编写《倾听花开的声音》系列丛书，《信息技术让学生的核心素养插上翅膀》《网络环境下学生核心素养之学科论坛》《顺着台阶往上走》《走一步，再走一步》《共营走向共赢》《养育语文的实践探索》《从阅读走向作文》《风铃草的自述》《江淮学校"金星闪名师工作室"一周一交流实录》。你们的辛苦，将一并留在记忆里。

忘不了"夏日里的嘀嘀调""创客空间""无线电测向"和校园足球，众多社团和辅导老师们。

还记得迎新年时你的黄梅调，你的配音朗诵，你的故作结巴的主持，还有食堂里的跨年夜餐吗？

还记得每届理化实验，你的牵头，你的认真，你的勤奋，你的执著。

还记得铲雪时场景吗？

还记得……

桩桩件件，零零总总，饱含的是激情，绽放的是热情，施展的是才情，收获的是温情，汇聚的是友情，凝固的是亲情。

时间短暂而漫长，有辛苦有喜悦，有彷徨有坚定，有矛盾有执着，有怨气有理解，有期待有收获，有创意有特点，有焦虑更有憧憬。曾经心受过伤，身受过伤，但意志没受伤；曾经锐意改革，压力重重，但家长有赞誉；曾经有苦难言，默默下咽，但学校有发展。多少不眠之夜，多少雨骤风疾，多少苦思冥想，都汇成了今天学校的成绩，汇成了无以言表的感激。

在阳光下奔跑，在阳光下成长，我希望每一步都走得踏实，走得坚定，更想走得闪亮。我和老师们用并不强壮的肩膀，扛起了江淮学校逆境中的困难和责任。我们攻坚克难，革故鼎新，扬正气，铸师魂，促进了江淮学校平稳、快速、高效地发展，为蜀山教育做出了应有的贡献！

我的工作也有很多不周详、不细致、不恰当的地方。人在江湖，身不由已，上级赋予我校长职责，我不得不尽心竭力，不得不正确面对。感谢大家多多理解，多多包容，谢谢大家，谢谢各位！

（本部分系笔者2017—2018年度述职报告，略有改动）

第四节　回顾与展望

一、深情地回顾2017年工作

（一）围绕校情明思路，依据生情创特色

学校依据自身的定位、文化背景和文化资源，明晰办学思路。将"三化一心（硬件优化、管理细化、特色亮化、以教育教学为中心）"工作贯穿于办学过程、课程设置等教育教学全过程中，成为全校师生共同的追求目标。三年来，学校围绕新优质学校建设，依据生情特点开展了一系列活动，如三月科技月、四月阅读月、五月督学月、十月竞技月、十一月教学月、十二月英语月。分月主题的书稿已陆续编写成册。

（二）厉兵秣马备中考，硕果飘香又一年

学校2017年中考成绩又创新高，亮点频现。最高分766分，对一个薄弱学校来说，实属不易。"一、六、八"指标到校线712分，居合肥市138所学校第40名。学科均分逐年上升，思品、历史、语文均排在蜀山区均分之上。体育中考又摘桂冠，连续两年蜀山区第一名。

（三）拉升标杆促前行，提升素质树形象

学校在强化教师队伍建设和管理运行机制的同时，特别关注年轻教师的专业化成长。学校经过酝酿筹备，继2016年之后，2017年又外聘了14位骨干教师作为各学科年轻教师的师傅，这14位老师责任心强，教学经验丰富。通过他们的指导帮扶，一定程度上促进了徒弟们的快速成长。

二、自信地展望2018年工作

2018年对于江淮学校来说应该是不平凡的一年，我们将以稳定为重心，以落实常规工作为支点，以创建特色为抓手，坚持并高效地开展各项工作。

（一）以维护稳定和安全为工作重心

（1）面临整合，做好师生的稳定工作，尤其是教师队伍的稳定。

（2）落实常规德育，强化师生安全意识。

（3）做好家校的有效沟通。

（4）确保硬件安全。

（二）以强化教育教学常规为工作支点

1.硬件优化。

陆续完善的高规格的录播教室，翻新的风雨操场，设备齐全的教室，特色鲜明的功能室，配置新颖的电子图书室等将为师生的教育教学活动保驾护航。

2.管理细化

学校实施制度化管理，人人有事做，事事有人干，分工明确，相互协调。让学校的教育教学在制度的框架下得以长效运行。

3.特色亮化

社团课程是我校一大特色。新学期，我校依然将社团课程纳入课表，聘请专业老师前来授课，让社团课程常规化，常态化，让更多的师生能够参与其中。

4.以教育教学为中心

在加强常规教学管理的同时，侧重九年级工作。2018年上半年，依次将进行理化实验、体育中考、文化课中考，在此关键时期，学校九年级老师严阵以待，积极组织学生做好复习、训练等工作。

（三）以凸显特色为工作抓手

1. 课题研究结题

2016年学校申报了"利用信息技术培养学生核心素养的研究"的课题，经过两年的实践与研究，2018年6月份进行结题。此课题亮点是在网络环境下依托"生生互动、师生互动、师师互动、家校互动、校外拓展"等方式培养学生的核心素养，在"分月主题、书目研究、名师工作室、教研组活动、新优质推进"等具体项目中呈现研究成果。

2. 书目研究成果编订成册

学校组织一到九年级语文老师开展书目研究工作。老师个人首先研读中外名家名著，然后进行海选，并结合学段，为学生推荐书目并撰写推荐语。为此，学校开设了网络环境下的阅读实验班，我们称之为"中小学专用数字图书馆"。2018年的上学期学校将把老师推荐的书目汇编成册，以校本教材的形式发放给学生并向社会推广。

3. 分月主题逐月开展并编订成册

2015年学校申报了第三批新优质学校，借此契机，学校开展了一系列教育教学活动，周周有活动，月月有主题。本学年分月主题将逐月开展并将编书成册，成为学校工作的一个记录。《倾听花开声音》的前三期"科技月""阅读月""督学月"书已编订成册，其他月的主题活动内容将陆续成书成册，形成系列丛书。

其中，三月科技月，区委李学明书记、王雪梅局长及多位市区领导到校指导观摩，对学校分月主题推进，新优质学校建设工作给予了很高的评价。

4. 名师工作室工作推进及成果汇编

本学年，学校将把工作室成立以来所开展的工作及取得的成绩收集整理编订成册，把成果当作鞭策，把经验做为资源，成为学校发展史上浓重的一笔财富。

5.新优质成果展示

学校在创建新优质学校过程中勇于面对艰难和挑战，逐步形成了清晰的办学思路、科学的管理模式以及鲜明的办学特色。在新优质学校创建项目的引领下，学校在稳定中发展，取得了阶段性成果，在校园文化建设、教科研、课程建设、教师专业发展及培养学生的核心素养等方面均取得显著成效。2018年，学校将把教师的教育教学比赛获奖汇编成成果集；把创建新优质的活动过程以展板的形式在校园内展放。

成绩代表过去，未来任重道远，2018年我们需要砥砺前行。

第五节　校园里有开拓者的脚步

　　为留存校园风貌，笔者精选12幅照片，集中展示合肥市江淮学校近年建设与管理的特色（参见图3-1至图3-12）。

图3-1　合肥市江淮学校校园（一）

图3-2　合肥市江淮学校校园（二）

图3-3　合肥市江淮学校阶梯教室

图3-4　合肥市江淮学校美术教室

图3-5　合肥市江淮学校电子阅览室

图3-6 合肥市江淮学校"外国专家进校园"（一）

图3-7 合肥市江淮学校"外国专家进校园"（二）

图3-8 合肥市江淮学校学生京剧表演训练

图3-9 合肥市江淮学校学生经典诵读活动

图3-10　合肥市江淮学校航模社活动

图3-11　合肥市江淮学校学生拓印比赛

图3-12 合肥市江淮学校全体教师合影

后　记

近日读史，颇有感悟。《禹贡》有载，昔日大禹治水，"别九州，随山浚川，任土作贡"，又"敷土，随山刊木，奠高山大川"。为了治水，禹历经十三载寒暑，三过家门而不入。不知洒下多少汗水，付出多少心血，终可"锡玄圭，告厥成功"，进而名垂青史，福被天下。

我辈不敢效先贤励精图治、矢志不渝，建不世之伟业，只想发奋努力，殚精竭虑，做好本职工作，以不辜负组织的托付。今天提笔来写一些小结性的文字，百感交集。

三年的时间短暂而漫长。

有辛苦，有喜悦。

有彷徨，有坚定。

有矛盾，有执着。

有怨气，有理解。

有期待，有收获。

有创意，也有特点。

有焦虑，更有憧憬。

曾经心受过伤，身受过伤，但意志没受伤。

曾经革故鼎新，压力重重，但家长有赞誉。

曾经有苦难言，默默下咽，但学校有发展。

多少不眠之夜，多少雨骤风疾，多少苦思冥想都汇成了今天学校的成绩，都汇成了无以言表的感激。

曾记得全体教工积极备检的场面。楼道上，扶手旁，栏杆处，水池边，窗户前，花坛间，跑道上，教室里。大家里里外外搞保洁，上上下下忙接待。

曾记得困境中有王雪梅局长的关心鼓励，有刘光忠书记的殷殷教诲，有同仁们的鼎力支持……

回想我们江淮学校创新团队的教学改革和研究，也是一条漫漫的求索之路。

从团队成立之初到项目完成之时，多少个日日夜夜，我们的同仁们夙兴夜寐，宵衣旰食，仅仅凭着一颗为公之心，便将自己完全奉献给团队，奉献给学校。这一路走来着实不易。有的同事家中尚有年幼的孩子，有的同事克服身体的种种不适，有的同事更是沉默无言，将所有困难独自咽下，一心扑在工作上。纵然这一路上颠顿风波、备尝险阻，但大家携手而行，共同奋进，攻坚克难。一路汗水一路欢歌。因此，才有了今天学校的变化，才有了今天这本书。

江淮学校江淮人，真的有着一种大禹般的执着精神。大家承受着逆境中的责备和无奈，承载着发展中的艰辛和压力，承担着崛起中困惑和重荷，敬业勤业，不屈不挠，坚定刚毅。天道酬勤，岁月给了拓荒者希望，给了奋进者机会，也给了勇毅者回报。慢慢地，学校从过去百废待举的境地中脱离出来，迎来了勃勃生机，绽放出炫目色彩……

三年来，新优质学校建设细致而规范，扎实而有序。有规划，有措施，有跟进，有小结，有创意，有成果。多次受到上级主管部门肯定和表扬，被提名作为优秀单位代表发言，被指定作为现场观摩单位。

三年来，省级课题《利用信息技术培养学生核心素养的研究》，分层推进，步步为营，程序严谨，点面结合，活动充分，材料翔实，科学规范。已于2018年8月结题。

　　三年来，分月主题活动依次拉开序幕。针对方案去谋划，针对清单去落实，针对项目去设计，针对活动去安排，针对结果去梳理，针对亮点去宣传，针对成果去编册。

　　三年来，社团活动如火如荼，先后开设了烘焙、合唱、书法、剪纸、足球、武术、泥塑、黄梅戏、无人机、心语社、行进打击乐等15个特色社团，真正让学校活动"真"起来、"动"起来、"实"起来、"嗨"起来，参与人数由刚开始的将近100名同学到现在全校2/3的学生，学生参与面宽，参与率高。

　　三年来，"中小学生阅读书目推荐"的研发，真正把"读古典、读经典、读名著"落实到每个年级、每一周，备受老师、学生、家长的喜爱。该书现已出版。

　　天空没有翅膀的痕迹，而我已飞过。三年时间不长，但扎实的做好三年的工作，实现了既定的目标，意义还是非同寻常的。硬件优化了，管理细化了，细节美化了，特色亮化了，教育教学上台阶了，家长认可了，主管部门放心了。这或许就是我的小满足，小惬意。

　　本来我想用我的拙笔把一路上零星的碎片串联起来，让大家回头看时有个心里安慰，向前走时有个台阶垫脚。坎坷也好，芬芳也罢，若干年她都将成为美好的记忆，成为蜀山教育史上的一个印记。总奈，能力有限，精力有限，时间有限，书里肯定会出现较为粗糙、不细致不全面、挂一漏万之处，那应该是我整理的问题，实际做的比说的要充分的多，具体的多，完善的多。我只好说：玉不在椟中，钗不于奁内。

　　当然，这一切皆归功于新优质学校创建过程中逐步形成的清晰的办学思路、精细的管理模式、鲜明的办学特色；归功于若干项目的支撑以及围绕项目所开展的工作。以项目引领工作，以项目理清工作，以项目落实工作；归功于同仁们无私的奉献和大胆的创新。我们一路摸索，一路实践，一路收获。

　　商鞅有言："变则通，不变则壅；变则兴，不变则衰；变则生，不变则亡。"只有不断求变求新，才能创造出意想不到的成果，为广大师生谋求更多的福祉。

　　寻梦，撑一支长篙，向青草更青处漫溯。路上春色正好，天上太阳正晴。新的征程开启新的希望，新的空白承载新的梦想。我们将不断的开拓创新，不忘初心，牢记使命，携手并进，砥砺前行。

张　曙

于新华学府·花园

二〇一八年五月